知識人的時代使命

從福澤諭吉到矢內原忠雄，
啓迪民智並引導社會
走向文明開化之進程

日本史研究者
林呈蓉——著

林桶法
輔仁大學歷史系教授

戴寶村
政治大學臺灣史研究所退休教授、
吳三連臺灣史料基金會秘書長

——好評推薦

目次

附錄

推薦序　日本近代知識人的國家關懷

林桶法　輔仁大學歷史學系教授

中國的「近代」和日本的「近代」確實不同，多數的日本人，對於「近代（modern）」一詞，通常是懷抱著正面的印象，可以讓日本人聯想到明治時代所流行的「文明開化」；在中文的場合，至少在回顧中國歷史時，「近代」一詞所伴隨的往往是沉重、屈辱的印象。因為在中國的歷史上，「近代」，是一個屢受外國侵略，面臨著國家、民族存亡危機的時代。

就日本的近代歷史發展而言，經過許多的波折，政治與軍事派閥嚴重，自明治維新以來每一個世代的知識分子都對日本的國家民族表現出高度的關懷，但對於救國濟民之道意見紛歧，在紛爭中迸出許多有智慧、有建設的意見，帶領日本走向「近代化」的道路。也提供了日本何以能歷經許多挑戰依然能屹立的成為遠東或世界強權的原因。

林呈蓉教授留學日本，特別關注日本維新運動以來日本的對外關係，著有近現代史のなかの日本と中国》、《前近代日本對外方針之研究》、《近代國家的摸索與覺醒：日本與臺灣文明開化的進程》等，此次以《知識人的時代使命》作為專書，帶出三個階段知識分子對日本邁向新時代的見解，許多的建地不僅對當時的日本提供一些思路，對於現代而言，仍有其指標性的意義。

這本書的特色是跨越世代、跨領域，書中以福澤諭吉、新渡戶稻造、內村鑑三、矢內原忠雄等人進行討論，福澤諭吉生於一八三五年，矢內原忠雄生於一八九三年，兩人相差近六十年，所處時代不同，所提供的思維亦不同。福澤諭吉對日本近代思想史影響甚大，但對他的評價也往往莫衷一是，有人將其譽為推動日本文明開化的知識分子領袖、自由民權思想的先驅。有人指出他思想中存在「國權壓倒民權」和民族主義的傾向。矢內原忠雄重要論著《日本帝國主義下之臺灣》是日本帝國主義擴張與殖民地臺灣經濟發展歷程分析之經典名著，剖析日本帝國主義擴張之根源與衍生的問題，同時也表達對殖民地被壓迫民眾的深切同情。其注重現地調查之研究方法，被認為是戰後日本區域研究的出發點；有關日本殖民統治的批判觀點，早已成為政治社會運動者的論據，同時也是戰後臺灣史的一項基本論述。書中所談有思想家、政治家也有宗教家，但都對日本及周邊地區帶來極大的影響。

林呈蓉能精準掌握日本近代以來的發展脈絡，既運用史料，又能跳脫學術論述的框架，以人物帶出許多思維，簡單而又有深度，特別值得推薦。

前言

獨立自尊之道的摸索

日本幕末維新之際，面對時代巨輪壓境，無論是個人的自我定位、抑或是今後國家的發展進路，從一八六八至一九四五年的七十七年期間，不斷考驗著近代日本時代青年的思考與判讀。伴隨日本社會的文明開化與國力消長，在新舊思惟相互衝擊下，社會的傳統價值變得混淆，有志青年就在跌跌撞撞、試行錯誤中，摸索成長。

日俄戰爭以後（一九一五年以降），日本開始步上帝國主義之路，這是一條踏上國家自衛、國民雄飛的進程，更是洗刷前恥的必經路徑。[1]即使如此，身處列強環伺的國際局勢中，明治維新前後近代日本連續三世代的知識青年，其共通隱憂莫過於「國家安全」的議題，而其背後的心底層面卻是對「和平」的殷殷期盼。本書試以近代日本三世代知識青年為例，從第一個世代的思想啟蒙家福澤諭吉（1835-1901）；第二個世代的「札幌二人組」，學者新渡戶稻造（1862-1933）與傳道人內村鑑三（1861-1930），以及另一位傳道人植村正久（1857-1925）；第三個世代的學者矢內原忠雄（1893-1961）為例，闡述他們對走上歧路的日本之於「國家」思考的進程，並透過比較文化史觀點，試旁及近代日本知識菁英對臺灣社會的開化之子，如蔡培火等臺灣議會設置請願運動者之於「國家」思惟所受到的震撼與影響，所衍生出臺灣社會底層的精神價值。

一個衝擊：「明治十四年政變」

事實上，福澤諭吉曾因明治政府高層而吃下暗虧，一八八一年「明治十四年政變」並非首次，卻是讓福翁著實感覺心灰意冷的一次。早在一八七九年（明治十一年），福澤諭吉所創立的「慶應義塾」曾受前一年的西南戰爭影響，[2]學校財務陷入困境。無奈之際，福翁乃以四十萬日圓向政府請求融資，相關書簡交付政府各部會審視時，竟遭工部卿井上馨（1836-1915）予以駁回，而讓福澤諭吉訝異不已。當時的明治政府對岩崎彌三郎（1808-1873）的「三菱商船學校」給予經費補助，亦同意對「伊勢勝」的軍靴製造融資，但卻拒絕「慶應義塾」的融資請求，福澤諭吉乃以「海上的船士與陸上的學士本無輕重之別」（海の船士と陸の学士と固より軽重あるべからず）、「製鞋與培育學士到底孰輕孰重！」（靴を造ると学士を造ると何れか軽重あるべき云々）而向井上馨、伊藤博文（1841-1909，時任內務大臣）等嚴正抗議。[3]

福翁更為此感嘆：「表面上只是為天下教育之事嘆息，但內心其實更怨歎伊藤博

文、井上馨二卿之愚痴。」（公に云へば天下教育の為に之を嘆息し、私に云へば二卿に対して愚痴を鳴らさざるを得ざるなり）[4] 換言之，政府之於高等教育的官尊民卑，導致福澤諭吉與當時明治政府之間有了心結，即使一八七一年（明治四年）明治政府的「廢藩置縣」政策，[5] 曾讓福翁感覺愉悅。

明治開始後的十年間（一八七七至一八八六年），乃近代日本從士族民權，逐步走向豪農民權與農民民權的年代。原本僅是那些無法進入政府權力核心的舊士族藉著「自由民權」之名，意圖對明治政府的有司專制展開體制內抗爭的一場社會運動。然而，出於明治政府對近代國家的認知亦是懵懵懂懂，一路走來顯得跌跌撞撞，最後則引發豪農民權與農民民權走上街頭。

一八八一年（明治十四年），明治政府利用「北海道開拓使官有物釋出事件」，[6] 借力使力，在社會輿論壓力下勉為同意擬於一八九〇年（明治二十三年）開設國會，但亦迫使豪農民權的運動領袖，即政府參議大隈重信（1838-1922）遭致罷免，更進而迫使明治政府內部非藩閥派的河野敏鎌（1844-1895，農商務卿）、前島密（1835-1919，驛遞總監）、矢野文雄（1850-1931，統計院幹事兼太政官大書記官）、犬養毅（1855-1932，統計院權少書記官）、尾崎行雄（1858-1954，同前）、小野梓（1852-

1886，一等檢查官）等連帶辭任或下野。而這一群潛伏在政府公務機構的自由民權運動者，不乏是福澤諭吉「慶應義塾」的高足，如矢野文雄、犬養毅、尾崎行雄等，因此「明治十四年政變」的問題也導致福翁連帶受到拖累。

一如前述，政變發生的契機在於「北海道開拓使官有物釋出事件」，當時開拓使長官黑田清隆（舊薩摩藩士）因經營不善，乃試把已經營十年、價值一千四百萬日圓的政府官有物相關資產向民間釋出，釋出的對象則是舊薩摩的政商五代友厚（1836-1885）與舊幕臣中野梧一（1842-1883）所合資的「關西貿易商會」，而標價竟是以總價三十八萬日圓三十年分期的超低價格釋出，顯然有圖利同鄉之嫌。更令人訝異的是在公告之前，釋出計畫在民間早已謠言不斷，輿情譁然，這對困擾政府許久的民權運動議題更是火上加油。由於參議大隈重信（舊肥前藩士）曾對該釋出案表達嚴正反對立場，因此明治政府強烈懷疑這是大隈參議主動把消息洩漏給媒體的，而大隈重信背後則是自由民權派團體。為了息事寧人，明治政府乃主動中止北海道官有物的釋出，同時亦罷免大隈重信的參議頭銜。

「北海道開拓使官有物釋出事件」看似是單一獨立事件，但其結果何以又會與「明治十四年政變」連動一起呢？早在一八七九年（明治十二年）年底直至次年，伊藤博文、井上馨（皆為舊長州藩士）等諸位參議曾提出「憲法意見書」，其版本則偏向德國的君主立憲制；而參議大隈重信的版本則傾向英國的政黨內閣制，而其內容則由福澤諭吉的門生矢野文雄（1850-1931）針對憲法議題執筆。明治政府內部明顯呈派閥對立狀。於是，明治政府藉由「北海道開拓使官有物釋出事件」借力使力，把大隈重信等反對勢力排除出去，藩閥派的伊藤博文更順理成章地成為憲法制定的負責人，明治政府亦進而轉型成藩閥政府。[7]

一如前述，「明治十四年政變」引發明治政府內部慶應義塾校友遭致波及，而這個政治風爆亦曾危及在野的福澤諭吉本人。其後，福澤諭吉則以〈明治辛巳紀事〉一篇，以及給政府高官井上馨與伊藤博文的六千數百字書簡一封，表達嚴正立場，為此一事件留下歷史見證。[8]而這個政變除了反應維新以來，舊士族對藩閥政府的有司專制心存不滿，顯現士族民權運動的精神領袖大隈重信與政府內部的舊薩長勢力者之間同床異夢外，根據小泉信三教授的研究指出，受到流言波及，民間人士遭影射者，除了福澤諭吉之外，三菱商會的岩崎彌太郎（1835-1885）等亦難置身度外。因為除了五代友厚的關西貿易覬覦「北海道開拓使官有物釋出」外，岩崎彌太郎的三菱商會亦曾向政府提出申請，卻遭拒絕；而大隈重信與岩崎彌太郎交往甚密，導致明治政府核心官僚認為「北海道開拓使官有物釋出事件」會曝光，乃大隈重信、福澤諭吉與岩崎彌太郎等共犯結構下的一項政治陰謀。[9]

「明治十四年政變」促使福澤諭吉深刻理解維新以來，明治政府的有司專制難平眾議，唯「國會開設」，內政議題的解決才能求得圓滿；另一方面，福澤諭吉亦於翌年（明治十五年）三月創刊《時事新報》，成為明治時期信用聲望最高的平面媒體。福澤諭吉畢生之於社會國家的理念，唯「內安外競」，但受制於「明治十四年政變」，他不僅為政治人物的不信不義忿忿不平，亦一改過去態度，不再信任政府當局，連帶地慶應義塾與政府的關係亦變得疏離。[10]

一如前述，從一八八〇至一八九〇年代，一連串的自由民權運動、明治十四年政變（一八八一年）、《大日本帝國憲法》的發布（一八八九年），以及〈教育勅語〉的渙發（一八九〇年）等，明治政界一連串的變動，著實讓當時的日本知識界受到相當大的衝擊。因此，即使那些與政界沒有太多瓜葛的知識分子，也為著今後日本的針路而深感憂心。近代日本的社會菁英，為著民權與國權的消長關係，不斷摸索；而一八九五年（明治二十八年），因著日清甲午戰爭，臺灣成為明治日本的新領地。當時的臺灣青年接受日本教育的同時，近代日本菁英階層平日思考的議題，亦直接或間接被傳承下來。然而，一九四五年（昭和二十年）日本因太平洋戰爭而嚴重挫敗，除了無條件投降之外，亦須放棄殖民地臺灣。過去那些受〈教育勅語〉洗禮的日語世代臺灣人，如何有效轉換長久以來早已烙印腦海的意識形態呢？

臺灣社會日語世代的中產階層，經常受制於近代日本知識菁英言動的影響。直接從結論切入，近代日本知識菁英的意識形態在耳濡目染下，潛藏於臺灣而成為一種社會價值。本書擬透過近代日本無教會派基督教等議題，特別是當時的基督徒之於日本的針路，以及民權與國權問題等，抱持如何的想法；而這些想法又如何啟迪殖民地臺灣的年輕人；而另一個必須被解明的議題即臺日關係背後的另一個歷史脈絡。

一個震撼：〈教育勅語〉的渙發

眾所周知，明治憲法頒布的翌年（一八九〇年），透過學校教育機制，日本政府向國民大眾宣達國民道德之根本。政府為了清楚闡明教育理念，乃頒布「教育に関する勅語」，即所謂的〈教育勅語〉，並成為日本教育的重要規制。其後則因太平洋戰爭的挫敗，在以美軍為主體的ＧＨＱ（盟軍最高司令官總司令部）佔領下，一九四七年（昭和二十二年）改以「學校教育法」取而代之，〈教育勅語〉則於翌年（一九四八年）由國會正式宣告失效。

另一方面，在遙遠的南臺灣曾有一所「東方工商專科學校」，該校竟引戰前的〈教育勅語〉作為校訓，而之所以如此乃出於當時該校創辦人兼校長的許國雄先生（1922-2002）。許校長生於日本殖民統治的年代，十九歲時曾赴日本九州在九州高等醫學專門學校，即今天的久留米大學醫學院深造，直到一九四五年（昭和二十年）日本戰敗才回到故鄉臺灣。然而，兩年之後臺灣社會爆發二二八事件，許校長的尊親亦遭國民黨政府虐殺，許校長自己則九死一生逃過了一劫。換言之，許國雄先生即今天臺灣社會的日語世代，亦可說是清楚理解〈教育勅語〉真義的其中一人。

一九七二年，許國雄先生就任臺灣省教育會理事長的同年，臺日斷交。為能延續兩國之間的友好關係，許校長透過教育交流名義組織「日華教育研究會」，為求延續臺日親善關係而奔走。被視為是親日派的許校長以受過日本教育自豪，他對於一九四八年（昭和二十三年）日本國會通過停止〈教育勅語〉而深感惋惜，經常發表言論，並主張應重新拾回〈教育勅語〉。[11]

至於〈教育勅語〉的具體內涵，以一言蔽之，即在家族與國家的思考基礎上，以仁義忠孝為核心的儒家思惟。[12]而更進一步考量，〈教育勅語〉亦內含日本傳統武士道精神中「道義」的概念及其相關教條。[13]伴隨一八八九年（明治二十二年）《大日本帝國憲法》發布，為求國民精神的統合，翌年的一八九〇年（明治二十三年）〈教育勅語〉渙發。

然而，《大日本帝國憲法》的發布起因於一八八一年（明治十四年）「明治十四年政變」及其背後社會對「國會開設」的殷切期盼有關。一如前述，「明治十四年政變」源自於「北海道開拓使官有物釋出事件」，當時政府之於北海道官有物的釋出，嚴重欠缺程序正義，導致社會輿情譁然，[14]而這一切又與明治以來社會對明治政府的專斷，以及「自由民權運動」等主張等相互連結。[15]

若依字面解讀「自由民權運動」，經常會與「民主思惟」或是「人權啟發」等概念放在一起思考。而之所以近代日本初期會有「自由民權運動」發生，其與明治維新以後的十年間，舊士族階層過去曾擁有的政治參與權不再被認同，緊密相結；且不僅無法參與政治，連集會結社的自由亦遭剝奪。在欠缺憲法、國會的情況下，當時民眾的處境欠缺政治發言權，身為公民的基本保障更是匱乏；然而，租稅負擔與徵兵義務等相關國民責任，卻一件也不少。而政府屢屢強調「國家」概念，並獎勵民眾須有高尚愛國心。[16]

一個迷思：民權與國權之間

如前述，明治初期針對「自由民權運動」，朝野之間攻防不斷。當時日本社會重要的政治議題之一，莫過於「民權」與「國權」之爭。近代日本的啟蒙思想家福澤諭吉在其著述《學問之勸》〈初編〉以「天不在人上造人、不在人下造人」（天は人の上に人を造らず人の下に人を造らずと云へり），強調人與人之間理當平等、相互尊重，意圖打破傳統官尊民卑的舊思惟。

而在其後不久的一八七八至一八七九年（明治十一至十二年）期間，即完成前述著書《學問之勸》十七編後，針對民權與國權等議題，福澤諭吉又陸續完成《通俗民權論》、《通俗國權論》、《國會論》、《民情一新》等四冊。換言之，為求國家長治久安，國民安居樂業，福澤諭吉認為有權者不宜長久坐擁大位，為追求政權和平輪替之道，唯開設國會，讓民眾有一條參與政治的管道，乃為上策。而民眾參政的前提，「為學」則是必須要件。因此，在《學問之勸》書中亦有民權、國權等相關論述，亦可謂是其後福翁《通俗民權論》、《通俗國權論》的基礎入門。福澤諭吉之所以刻意在一八七八年（明治十一年）前後相繼出版《通俗民權論》與《通俗國權論》，當時福翁的思考邏輯以一言蔽之，莫過於對內主張民權、對外則伸張國權。[17]

在《學問之勸》〈初編〉中福澤諭吉強調，為求國家主權獨立，國民即使犧牲個人權益，亦不能讓國威變得遜色。[18]換言之，福澤諭吉透過《學問之勸》的撰寫，其想傳達的宗旨有二，修身齊家與治國平天下，即《通俗國權論》之所言「小則成就個人一身；大則伸張國家權益」。[19]

為求近代日本的富國強兵，避免淪為西方列強殖民地，唯走文明開化路徑，伸張國權、自主獨立，乃唯一無二的選擇，倘若因而引發戰爭亦在所不惜。畢竟身處十九世紀「弱肉強食」的國際社會，近代日本面對的是把他國消滅、抑或是被他國消滅（滅ぼすか滅ぼさるる）等二擇一的局面。[20]換言之，在福澤諭吉的認知中，為學者之所求，莫過於求得西洋化與富強化等對日常生活有用的學問，即因應國家之所需（国家の須要に応ず），唯來自近代科技之實學，其外無他。[21]而在《學問之勸》〈三編〉中，福澤諭吉以「接近人間普遍日用之學」（人間普通日用に近き実学），稱之為「實學」；而相較於傳統文化的花鳥風月之論等非技術本位的教養學門，則次第淪為次文化（subculture）等「虛學」層級。

福澤諭吉之於實學的定義，包括日本傳統「いろは」等四十七文字、書信文句的用法、簿記、算盤的練習、天秤的使用等，即從讀、寫、算開始，並旁及地理、歷史、物理、經濟與修身等科目。換言之，那些能與日本的富強直接連動的，莫過於自然科學與社會科學。而個人的立身處事與國家的富強與否，則互為因果、緊密相結，這是個人為學的目的與意義所在，亦是以福澤諭吉為首，十九世紀日本社會開化之子等對於時代脈動的掌握與認知。[22]

一八九七年（明治三十年）福澤諭吉在一篇論〈實學の必要〉中提及，在他的認知中所謂「學問」，指的是能有效解明真理原則及其應用之法，[23]而用現代臺灣社會的說法，即「學用合一」。福澤諭吉強調過去的時代，即使無學、無識，在祖先經驗、智慧等浸潤下耳濡目染，亦能安居樂業；但如今在文明洪流衝擊下欲建構文明大事業，凡事就必須有學理依據才得以行事。套用當代之論述，即身處「知識經濟」的時代，有學才得以與時代脈動契合。因此，從民利國益的角度觀之，福澤諭吉主張全民皆學，更不分貧賤、貴富，[24]而二十一世紀的現在，唯「終身學習」才是王道！

從江戶天保年間，乃至開化之子所處的明治年代，無論是學術、商貿與法律等皆難以興旺，而此三者又與世界文明緊密相結，回顧前述無論「明治十四年政變」、抑或是〈教育勅語〉的渙發，在在顯見專制政府下的壓抑氣風，實與國民大眾的無智、文盲與欠缺氣力息息相關，此亦是福澤諭吉極力宣導勸學的理由。為了提升國家的文明度，而得以與萬國對峙，政府不應施以愚民政策，便宜行事；而國民擁有學識，則毋須在政府之前卑屈不信。[25]畢竟，苛政經常是踩在愚民之上！[26]

文明與野蠻的抉擇

福澤諭吉

「天保老人」福澤諭吉與〈中津留別之書〉

九州大分縣野馬溪青洞門附近有福澤諭吉故居，鄰近的一處停車場放著一幅看板，上面的文字記載如下：

願くは我旧里中津の士民も　今より活眼を開て先ず洋学に従事し　自から労して自から食い　人の自由を妨げずして我自由を達し、修徳開智　鄙吝（ひりん）の心を却掃し、家内安全天下富強の趣意を了解せらるべし　人誰か故郷を思わざらん　誰か旧人の幸福を祈ざる者あらん（明治三年十一月二十七　旧宅敗窓の下に記）

這是當地「北部校區青少年健全育成協議會」引〈中津留別之書〉之一段，[1] 鼓勵年輕人應該修德開智、自立自強，獨立自尊、造福鄉里。〈中津留別之書〉乃一八七〇年（明治三年）福澤諭吉返回故里準備接母親前往東京同住時，留給家鄉子弟的一封長信，也為歷史見證了福翁立身處世的基本思惟。一八七〇年當時，亦是福澤諭吉完成《西洋事情》的同年，福翁把過去三度西航於歐美的所見所聞記錄下來，透過《西洋事情》的出版，意圖介紹給日本社會。其內容包括政治、稅制、國債、紙幣、公司會社、外交、軍事、科技、學校、新聞媒體、文庫、病院、博物館之介紹，兼論法制下的自由保障、學校的人才培育、政治安定下的產業經營、病院的貧病救濟等，林林總總。而兩年之後的一八七二年（明治五年），福澤諭吉則以「天不在人上造人、不在人下造人」為題出版《學問之勸》，帶給近代日本社會人心一大衝擊，並成為明治初期的重要暢銷書。

福澤諭吉乃日幣萬元鈔上的肖像人物，也是日本慶應義塾大學的創辦人，出生於江戶時代的天保年間，並與伊藤博文等維新志士屬同一世代。福澤諭吉的這篇〈中津留別之書〉以及其後的《學問之勸》，對當時的後輩子弟之啟蒙發揮了關鍵性作用。而〈中津留別之書〉之所以有其重要性，是因為該文亦可說是《學問之勸》思考的雛型。其中，最觸動人心的一句，莫過於「只要能自食其力、人就可不受妨礙而得以自由自在」（自から労して自から食い、人の自由を妨げずして我自由を達し），因此福澤諭吉給人的形象莫過於「獨立自尊」四字。

令一般研究者備感關心的莫過於〈中津留別之書〉的撰寫，福澤諭吉當初原本是打算發文給誰？眾所周知，翌年一八七三年（明治四年）福澤諭吉辭退新政府的聘任，而把慶應義塾遷至東京的三田一帶，以經濟學為中心教育子弟。事實上，該年明治政府力行「廢藩置縣」，[2]面對大時代的翻轉，多數的舊士族階層一夜之間失業、失勢。福澤諭吉痛感舊士族必須自立更生，而接受新時代教育乃當務之急，值此之際慶應義塾自然扮演起關鍵角色。根據金澤大學特聘教授宇野文夫的研究指稱，〈中津留別之書〉亦可謂是針對武士之於新時代意圖改頭換面的一篇檄文亦不為過；抑或是擔心政府的革新政策恐引發舊士族怨懟，迫使幕末維新的混亂世相再現，福翁心中充滿一股「自由」可能陷入困境的隱憂與危懼。[3]

而〈中津留別之書〉完成後三十年，福澤諭吉試撰寫慶應義塾的道德綱領，並於一九〇〇年（明治三十三年）完成〈修身要領〉，而其中的第二條則強調身心獨立，人必自重而後人重之，始謂之為獨立自尊者，[4]並以「獨立自尊」作為校訓之核心。依前述亦是慶應義塾大學校友的宇野教授之所見，直至一九〇一年（明治三十四年）二月去世為止，福澤諭吉試展現舊士族如何因應新時代而存活的新模式，而其法名「大觀院獨立自尊居士」，亦獨樹一格，受到矚目。

文明的衝擊與憧憬

一如前述，福澤諭吉生於江戶幕府末期的一八三五年（天保六年），父親福澤百助乃中津藩的下層藩士，專職於中津藩位於大阪堂島的財庫，屬會計官僚。中津藩位於今九州大分縣中津市一帶，因其父職責之故，福澤諭吉的出生地並非中津，而是大阪。在階級社會時代，即使福澤百助學有專精，博學而有才情，卻難有升遷機會，且英年早逝。就在福澤諭吉滿歲之際，百助便因病過世。父親過世之後，福澤家貧困見底，而福澤諭吉又生為次子，無法繼承家業，前景堪虞。因此，福澤諭吉的啟蒙較一般孩童來得晚，直到十四歲時才得以就學。[5]在《福翁自傳》中福澤曾自我感慨，在那個時代「門閥制度可謂是雙親之敵也」（門閥制度は親の敵で御座る）！[6]

然而，命好不怕運來磨，殊不知一八五三年（嘉永六年）美國以黑船四艘向日本強行叩關，即使像中津藩這種僅有十萬石米收入的小藩，亦須承擔協助海岸防務。福澤諭吉乃獲取良機前往長崎的出島，以「下男奉公」身分陪同中津藩家老之子奧平壱岐（1824-1884）前往光永寺學習蘭學，除了修習砲術之外，亦附帶習得荷蘭語。其後，更在兄長三之助建議下，福翁前往蘭醫緒方洪庵（1810-1863）位在大阪的「適塾」就學，攻讀蘭學。由於成績表現優異，一八五七年（安政四年）進而被延攬為塾頭（塾長）。翌年（安政五年），中津藩位於江戶築地鐵砲洲擬開設蘭學塾，[7] 福澤諭吉則受聘為教師，而該校亦可謂是其後福翁自辦「慶應義塾」之雛形。

一八五九年（安政六年），福澤諭吉前往位於橫濱的外國人居留地訪視，始知英語已是國際語言，過去自己長年專研的荷蘭語已不符時代需求，沮喪之餘，乃連忙改學英語。其後不久，福澤諭吉便被幕府的外務部門（外國方）徵召，協助外語翻譯。[8] 而在福澤諭吉另一著書《西洋事情》裡，福翁為了有效介紹歐美社會實況，精確表記日本社會前所未有的景象或概念，福澤諭吉自創了不少近代「新語」。[9]

日本幕末開國期間，血氣方剛的尊王攘夷派志士不斷引發襲擊外國人的暴力事件，福澤諭吉則因翻譯之故，變得見多識廣。在福翁的認知上，這些攘夷鎖國者的行徑與理念，一如「井底之蛙」般地愚行且愚忠，依福翁之見，試與海外國家交流應從互惠、互信角度著手。[10]

福澤諭吉的開明思惟，除了因翻譯之便，大量閱讀海外書物之外；福翁更因三次的洋行經驗，而開啟眼界。一八六〇年（萬延元年），以提督木村攝津守芥舟（1830-1901）的從僕身分，跟隨幕府的遣美使節團前往美國，約一個月左右滯留於舊金山；翌年（一八六一年），幕府須跨海與歐洲國家交涉江戶、大阪開市，以及兵庫、新潟開港延遲，還有樺太（庫頁島）的歸屬議題等而遣使赴歐，福澤諭吉乃得以通譯（翻譯掛）之姿，伴隨幕府遣歐使節團遍歷英、法、荷蘭、德國、俄羅斯、葡萄牙等國；一八六七年（慶應三年）則因幕府欲向美國購買軍艦，福澤諭吉乃以幕府使節團成員身分，第二度前往美國參訪，而此次的足跡甚至來到北美東岸的紐約。[11]三次海外洋行的經驗，最讓福澤諭吉感到無限憧憬與期待的，莫過於西洋人之於待人接物的「合理主義」精神。[12]

特別是一八六一年的歐陸之行，對福澤諭吉的文明啟蒙影響很大，因而才有其後一八六六年（慶應二年）《西洋事情・初編》的出版。福澤諭吉見識到西洋的病院、學校、圖書館、兵工廠、礦山、股份公司、熱氣球、隧道，以及相關社會制度、技術與機構等，著實讓福翁大開眼界。在福澤諭吉的認知中，西洋文明社會的形成源自知識與思想的革新，因此日本社會的當務之急，並非添購兵器與機械，而是人才培育。[13]

即使幕末的三次海外洋行經驗，的確是讓福澤諭吉理解何謂「西洋文明」，並萌生「近代」意識，然而並非參與使節團的每個人經過海外洋行的洗禮，就會變得近代化。現實上，在不通言語的他鄉異國，連行動的自由都是問題，更遑論對海外社會的理解，相反地，對西方的近代文明絲毫不為所動者大有人在。而透過海外洋行，福澤諭吉之所以對西洋文明感覺興味盎然，依甲子園大學廣田昌希教授的理解，應該是與適塾時代的學習經驗，緊密相結。適塾的門下生除了醫師子弟之外，還有不少下層武士，以及豪農、商家等庶民子弟，一起同窗學習。福澤諭吉在適塾的學習，跨越過去士農工商的身分差異，而與不同階層的人相互交流，即使一身弊衣破帽，但心中卻充滿一股自由奔放感；而學生自治的氛圍，更可謂是近代日本舊制高等學校的雛型。[14]

一如前述，福澤諭吉把三次歐美諸國的巡訪見聞記下，進而完成了《西洋事情》〈初編〉（一八六六年）、〈外編〉（一八六七年）、〈二編〉（一八七〇年）等三冊；接著，又在一八七五年出版膾炙人口的《文明論之概略》。從這幾篇大作中，多少可以掌握福澤諭吉之於西歐文明觀的理解。其中，發行部數可與《學問之勸》不容小覷的，莫過於《西洋事情》。該書介紹的內容林林總總，多半是當時日本社會前所未聞的，即西歐的近代文明與社會特色，但多對著重於有形的制度與文物，至於針對文明與文化內涵的說明則相對闕如。[15]

然而，福澤諭吉之所以追求文明，在於身處文明社會之個人，可憑藉實力，成就自我，而不受出身背景之累。在《西洋事情》〈外編〉中，福澤諭吉透過「世の文明開化」一篇強調，在文明未開的社會，是弱肉強食，勝者為王、敗者為寇的世界，有所作為者多被視之為盜賊；但在文明開化的社會，富貴利達者經常會創造己利利人的雙贏局面，[16]這宛如說出身處於江戶階級社會，福澤諭吉自身的困境，而此亦是何以福澤諭吉對於西洋功利主義抱持肯定立場的主因。[17]

不容諱言地，在文明開化的西方列強建構下，十九世紀國際社會卻是一個優勝劣敗、適者生存的野蠻世界。文明的進步仍不能終止國與國之間的戰爭，即使設置了《萬國公法》，亦無法成為絕對權威的存在。在國家安全前提下，國際間的對立、紛爭依舊不斷，這個事實讓福澤諭吉深感遺憾與無奈。[18]

文明國之於國內的鬥爭可以國法制御之，但明知戰爭不可為，在外交的前提下，國際之間的紛爭仍從未停止過。或是受好事者的有心煽動、抑或是領導者的貪念喜功，即使歐洲諸國以禮義文物自居，亦難以終止戰端。套用福澤諭吉的話語，「今天是文明開化的樂園，明日也可能成為曝骨流血之戰場」（今日は文明開化の楽園と称するも、明日は曝骨流血の戦場となる可し）！[19]但福澤諭吉亦承認，或許無法終止戰爭的禍源，但透過文明教化之手段，多少可稍加緩和戰爭的荼毒。[20]

拜金宗思考的源流

明治日本社會的氛圍開始走向資本主義化，福澤諭吉充分理解過去武士以配刀作為身分地位的表徵，顯然是食古不化。以士農工商四民制度，藉此矮化商人階層更是不合理，在福澤諭吉的認知中，努力工作，合法賺錢，何罪之有呢？而繼續緬懷過去武士時期之光榮者，可說是與時代脫節。這樣的思惟，明治日本「無教會主義」創始人內村鑑三則非常不以為然，而以「拜金宗」（Fruit of Mammonism）一語批判之。不過，福翁自己至死都甚難理解，何以內村對他的金錢第一主義，竟會有如此激烈的反應。[21]

如前所述，福澤諭吉透過三次西航經驗，了解文明與野蠻的天壤之別，在福翁的認知中，追求世界和平唯一手段，即謀求各國實力均質發展（balance of power）。因此，福翁認為倘若貿易能繼續進步擴展，勢必深化各國之間的交易關係，甚至藉由放寬貿易法度，在互助提攜的前提下，或許可有效減低戰爭發生的機率。[22]

倘若把福澤諭吉說成功利主義的信奉者，亦不為過。畢竟在福翁的認知中，政治的目的是為最大多數的國民，謀求最大福祉。[23]強調個人獨立自尊的福澤諭吉，經常強調獨立精神的重要性，其基本思惟不會背離現實主義。近代日本的資本主義背後，功利主義扮演重要關鍵角色，倘若福澤諭吉支持功利主義，亦是想當然耳。畢竟文明開化的本質，與經濟利益不相悖離。福翁透過《時事新報》的社論撰寫，再三強調「金錢」的重要性，何況墨守安貧之道，又如何經世濟民？[24]例如，〈西洋的文明開化根植於金錢〉（《時事新報》一八八五年四月二十九日，西洋の文明開化は銭にあり）、[25]〈購買文明不外乎金錢〉（《時事新報》一八八六年三月二日，文明を買うには銭を要す）、〈賄賂亦有其必要嗎〉（《時事新報》一八九〇年十二月十四日，賄賂も亦要用なる哉）、〈賄賂的裁斷〉（《時事新報》一八九一年十二月二十四日，賄賂の沙汰）、〈新舊兩主義〉（《時事新報》一八九三年六月九日，新旧両主義）、〈紳商的生活〉（《時事新報》一八九三年十月十日，紳商の生活）等，皆是福澤諭吉暢談經濟利益、文明開化與幸福快樂之連動關係的代表作。[26]

事實上，其後福澤諭吉不僅自行出資創辦慶應義塾，亦沒收取學校薪資，因此在當時被譽稱為「三田の聖人」，[27]由此顯見福翁並不執著於金錢，他更把「俗」字分解，而謙稱自己不過是個「谷人」罷了！[28]福澤諭吉想要打破的是源自江戶時期以來的舊思惟，包括武士、甚或是士大夫階層等多視金錢無異於「汙穢」的存在。福翁認為君子愛錢，取之有道，正大光明地以勞力換取的金錢，何錯之有！的確金錢雖非萬能，但沒有金錢則萬萬不能，過去中津藩的武士不敢晝日出門購物，只能在晚上躡手躡腳、縮頭縮腦地前往商店交易醬油、米酒等生活必需品，福澤諭吉無法認同這些「偽君子」表裡不一的愚腐行徑。[29]

福澤諭吉一生的思惟奠基於二十歲的年代，除了受教於緒方洪庵的適塾而習得西洋實學，並透過三次歐美訪察而增見聞、長知識；三十歲年代，福澤諭吉透過《學問之勸》與《文明論之概略》等兩部著作，為近代日本的未來擘畫出一幅藍圖；四十、五十歲年代，則自創媒體《時事新報》，隨時為政府的施策把脈，提供針貶；到了六十歲年代，在門人、門生小幡篤次郎等人協同下，把一直以來自己之於日本社會的理想透過《修身要領》之撰寫，遺留後世；一九〇一年則與世長辭，享年六十六歲。福澤諭吉的人格特質，志氣高潔，且從一而終，亦可謂是知行合一的典範。[30]

知行合一的典範

一如前述，福澤諭吉經過三次海外洋行，他的心得是欲與萬國對峙，就必須把傳統日本社會形塑成西洋文明社會，而個人的獨立、國家的獨立則是重要的兩根支柱，[31]因而才有一八七一年〈天不在人上造人亦不在人下造人〉之撰寫，其後陸續完成十七編，並彙集成冊，《學問之勸》一書於焉成形。[32]

一八七五年八月，福澤諭吉另一著作《文明論之概略》出版，近年來福翁的手稿〈文明論プラン〉出土，其中《學問之勸》的〈八編〉、〈十編〉的手稿亦同時被發現，根據慶應義塾大學福澤研究中心前所長西川俊作氏的說法，《文明論之概略》的撰寫與《學問之勸》的後半部應該是同一時期的撰寫作品。而《學問之勸》的〈八編：不可以我心制他人身〉（一八七四年四月，我心をもって他人の身を制すべからず）、〈十一編：名分與職分之相違〉（一八七四年七月，名分と職分の違い、名分をもって偽君子を生ずるの論）、〈十二編（後半）：論人的品性非高尚不可〉（一八七四年十二月，人の品行は高尚ならざるべからざるの論）、〈十三編：怨念有害論〉（一八七四年十二月，怨望の人間に害あるを論ず）等，分別在一八七四年間陸續完成。顯見《學問之勸》的這幾編之內容，亦可謂是《文明論之概略》「智德論」（第四至七章）的簡約版或啟蒙版，換言之，兩者的撰寫應該是在同一時期完成的。

《學問之勸》所設定的讀者群是年輕學子；而《文明論之概略》的閱讀大眾則是一般知識分子。[33]然而，不同於《學問之勸》的暢銷盛況，《文明論之概略》出版當時並沒有獲得讀者太多的迴響，直到一九三一年（昭和六年）岩波文庫收錄復刻之後，才被社會廣泛閱讀，而該書現在則成為近代日本的重要著作之一。[34]當然，這裡所謂的「文明」，是指西洋文明。

福澤諭吉之所以汲汲於西洋文明的攝取，基本上乃與日本的國家獨立互為表裡，即使西洋文明依舊有其盲點，但卻是十九世紀世界文明・文化的至高存在，因此必須拋棄成見，並看出西洋文明即將是國際化潮流發展之趨勢。福澤諭吉在《學問之勸》一書中強調，「追求國家的獨立是目的，而國民的文明則是達成此目的的手段」（国の独立は目的なり、国民の文明はこの目的に達するの術なり），而同樣的語句亦出現在《文明論之概略》一書中。[35]

即使難以苟同西洋文明的「侵略性」，但不容諱言地，十九世紀的西洋文明展現出人類社會前所未有的智慧與美善，全面攝取西洋文明的前提，須從國民的精神改良開始。然而，不同於同一時期的其他洋學派人士的過激主張，例如：森有禮（1847-1889）認為日本應改英語為國語、抑或是津田真道（1829-1903）、中村正直（1832-1891）等人主張改行基督教之教育等，福澤諭吉認為日本文化亦有其文明之處，唯調整不合時宜之「風氣」即可，因此他的主張是從引進西洋的文物、體制著手。[36]

在福澤諭吉的認知中，文明開化的手段乃國民自尊獨立的終極目的，倘若國民欠缺獨立之氣，社會文明就難以推進。[37]換言之，獨立心乃文明進步的前提，而社會文明發達，才能培育國民的獨立心，因此「獨立」與「文明」沒有孰先孰後的關係，而是相輔相成。福澤諭吉在《文明論之概略》中提出，國家的獨立來自於文明，沒有文明則獨立亦難保全（国の独立は即ち文明なり、文明にあらざれば独立は保つべからず）。[38]不容置疑地，《學問之勸》與《文明論之概略》等兩部著作，可謂是福澤諭吉意圖替近代日本社會的病態開出的處方箋。

再說《學問之勸》〈初編：天不在人上造人、不在人下造人〉，在福澤諭吉的認知中人與人之間原本並無上下之別，那男女之間是否亦如此？根據西川俊作教授之研究指出，福澤諭吉在一八七〇年有書簡〈中津留別之書〉一封，在文中提及男女平權的議題，福翁認為自有天地以來便有男女，而無論是男是女，並無孰輕孰重之別。[39]依該文的所出年代推之，福澤諭吉的這項思考顯然比撰寫《學問之勸》的「人間平等宣言」，更早便已萌生。[40]

一八八二年福澤諭吉創刊《時事新報》，福翁之於女性論的書寫亦不在少數，一八八五至一八八八年期間，有〈日本婦人論〉及其〈後論〉、〈品行論〉、〈男女交際論〉及其〈餘論〉、〈婚姻早晚論〉、〈日本男子論〉；而一八九八至一八九九年期間，另有《福澤先生浮世談》、《女大學評論・新女大學》等著作出版。[41]福澤諭吉的男女平權思考為長期以來「男尊女卑」的日本社會帶來另一種思想震撼。一九〇一年福翁長逝之後，有一不知名的婦人特意為此獻上鮮花，並留下一篇感念的哀悼文，在《福澤先生哀悼錄》中寫著「過去拜讀《時事新報》福澤先生為日本婦女發表的幾篇高見，讓吾輩深受庇蔭，心懷喜悅且感謝（略）」，[42]顯見透過平面媒體的力量，福翁試圖改變傳統社會世相之貢獻，不容小覷。

前述福澤諭吉從階級的平等、性別的平等談起，那麼對於族群的平等，他又是如何視之？一八八五年三月十六日，福澤諭吉在《時事新報》發表兩千字左右的「脫亞論」，[43]從鄰國日本的角度觀察大清與朝鮮如何背離「文明開化」的時代脈動，意圖墨守傳統華夷體制下的排外主義，倘若再繼續食古不化，福翁最後作出嚴苛的結論，日本已無法再等鄰國文明開化共同振興亞洲，勿寧脫亞入歐，仿效西洋列強亦對其他的亞洲諸國採行帝國主義政策，更不會特意對鄰國大清、朝鮮而予以通融！[44]然而，特別是在甲午戰役期間，此亦可謂是促使戰爭行徑正當化的一帖觸媒。[45]

而前述一八七二年（明治三年）十一月二十七日，福澤諭吉前往東京的臨別之際，寫下〈中津留別之書〉給故里子弟，期勉舊中津藩的士族子弟，不要再醉心於過去而必須覺醒，先習洋學，且自食其力，以不礙他人自由而讓自己的自由達陣，修德開智，掃除鄙吝之心，有效理解所謂家內安全、天下富強之宗旨。最後的這段期許，亦可謂是福澤諭吉生涯對當時日本社會的憂心與期待，而近代日本先覺者福翁的思惟足以跨越時空歷久彌新，亦可見一般（原文參見附錄一）。

開化之子的歧路

以新渡戶稻造、內村鑑三為例

武士道對基督教的受容

一般提及「無教會派」或是「無教會主義」，就非談內村鑑三不可。根據高雄第一科技大學助理教授赤江達也的研究指出，內村鑑三是基督教傳道者兼論著家，其思想活躍於明治中期乃至昭和初期，亦可謂是「無教會派」的震源所在。[1] 內村的生涯正好與日本社會從長期鎖國的狀態下脫離，致力於西洋文明的引進，開始朝往近代國家發展的過程，同步成長。[2]

年輕時期的內村鑑三，曾在札幌農學校學習，也因而接觸西洋科學與宗教等歐美文明，其後又有四年美國留學經驗，對於東西文化皆有深入洞察。當歐美文明移植日本之際，其思考精髓的基督教如何與神道國日本相結，可謂是內村鑑三畢生的隱憂與煩惱。眾所周知，內村鑑三出身於士族階層，一八七七年（明治十年）進入札幌農学校就讀時，正是西鄉隆盛引發西南戰爭之際，[3] 對年輕的內村鑑三而言，可謂是親眼目睹武士榮光時代的結束。[4]

另一方面，在內村的心底層面，一如夏目漱石（1867-1916）在其大作《心》（こころ）中所描述的「把一股基督教的臭味帶進儒者的家中」（儒家の家にへ切支丹の臭いを持ち込むように）。[5]然而，這種相對不調和的感覺，不是僅止於內村鑑三，同時期有很多人亦感到非常不適應。例如：內村鑑三的同窗新渡戶稻造（1862-1933）也抱持一樣的煩惱。他們思考著應如何把西洋思想精髓的基督教，連結於日本社會真髓的武士道。一九〇〇年（明治三十三年）新渡戶稻造在海外出版《武士道》（*Bushido: The Soul of Japan*）；而其後不久內村鑑三也在一九一六年（大正五年）發表〈武士道と基督教〉（Bushido and Christianity）一文。[6]在明治初期全英語教育的教學環境下，開化之子對英語書寫相對熟稔，因此這些思考的原創都先以英語發表，其後才被翻譯為日語。

英語版《武士道》：新渡戶稻造的撰寫動機

一八九九年（明治三十二年）十二月，新渡戶稻造花費一年的時間，撰寫《武士道》，並在美國出版。而何謂「武士道」？即武士階層子弟啟蒙時期，藉由素讀耳濡目染的的儒學教養。[7]所謂素讀，乃日本人對過去私塾教學模式的定義，即指不追求析義理解，只是將其反覆誦讀，爛讀熟背於心。強調以記憶學習為中心，反覆朗讀。新渡戶稻造亦是武家子弟，年甫六歲時改朝換代，武士的光榮不再，新渡戶則成了所謂的「開化之子」。從學習充滿基督教義的英語教科書開始，少年時期的新渡戶稻造乃次第關心基督教思想，而此一時期正逢日本社會基督教禁制甫廢除後不久。一八八九年（明治二十二年），明治政府公告《大日本帝國憲法》，其中第二十八條即保障信教自由的相關內容，基督教信仰之禁令自鎖國以來於焉解禁。

少年時代的新渡戶稻造曾在東京外國語學校就讀，[8]又有札幌農學校的學習經驗。一八八一年（明治十四年）擔任「開拓使御用掛り」一職，其後又回母校擔任教職。一八八三年（明治十六年）新渡戶稻造再度回到校園，前往東京大學深造。翌年（明治十七年）則前往美國約翰霍金斯大學（Johns Hopkins University）延長學習。在三年的美國留學生涯中，成為基督教貴格教派（Quaker）教徒。其後的一八八七（明治二十年）至一八九〇年（明治二十三年）的三年期間，新渡戶稻造轉往德國留學，並造訪比利時的重要學者，瞭解西洋農學之菁萃。[9]

一八九一年（明治二十四年），結束為期七年的歐美留學生活，新渡戶稻造帶著美籍新婚妻子真理子（Mary. P. Elkinton）連袂歸國。先以教授身分返回母校札幌農學校，擔任教職，開始從事研究。其後則因身體不適，一八九七年（明治三十年）乃暫時停止所有職務而專心療養，先是在伊香保，[10]然後改往美國加州蒙特雷（Monterey）。[11]療養期間新渡戶稻造撰寫英語版《武士道》，並於一八九九年（明治三十二年）在美國出版該書。[12]一九〇一年（明治三十四年），在臺灣總督府民政長官後藤新平的力邀下，新渡戶稻造亦曾渡臺一邊療養病體，一邊以殖產局長心得身分在民政部任職一年。

新渡戶稻造執筆英語版《武士道》，是受到比利時法學大師拉弗萊（M. de Laveleye）一句話的衝擊，而重新反省日本社會道德教育的議題。拉弗萊認為宗教教育與道德教育連動，欠缺宗教教育的學校如何授以道德教育呢？面對拉弗萊對日本宗教教育的提問與訝異表情，新渡戶稻造僅能以「的確沒有」尷尬回應，「沒有宗教！那如何教授道德教育呢？」比利時法學大師反覆地喃喃自語。[13]在這件事的契機下，新渡戶稻造開始自省，在主流宗教明顯闕如的情況下，難道日本社會就沒有道德教育嗎？經過反覆思考檢視的結果，新渡戶領悟到日本社會的道德教育，不就是傳統的「武士道」嗎？[14]然而，倘若不有效解讀封建制度與「武士道」，則現代日本的道德教育恐將一起被封印、私藏於卷軸裡。[15]

值得注意的是，除了前述《武士道》之外，大約也是在同一時期，新渡戶稻造另一部大作《農業本論》出刊。[16]札幌農學校畢業的新渡戶對農業與農政學不僅專業，且倍感關心。然而，從結果論觀之，《農業本論》對當時日本社會的農政學並沒有產生太大影響，畢竟明治日本念茲在茲地，莫過於殖產興業、富國強兵，即在日本社會資本主義化過程中投注相當的心力，農政學的部分則放之於殖民地臺灣，因而有「工業日本、農業臺灣」的政策口號。[17]新渡戶稻造在撰寫《農業本論》時，其思考的著眼點主要是放諸區域振興的範疇，即地方學研究的領域，而其相關思惟則有效落實於殖民地臺灣的糖業政策上。其後，他又把其之於臺灣的實務經驗，在大學開設「殖民政策」課程，向年輕學子傳達土地利用的重要性。透過風土與人文的互動關係，有效連結鄉土研究領域。雖然地方學存在目的在於偏鄉救濟，卻也是國土規劃的重要前提，更與風土、人情緊密相結。[18]

從「殖民政策」的課程設計，乃至提升地方社會活力之觀照，在近代日本是一項創舉，面對當代社會地方創生概念的潮流，顯見新渡戶稻造的「殖民政策」思考，不僅與帝國主義下的「殖民」（colonization）概念大相逕庭，相對地更是歷久彌堅。事實上，明治初期以政府為首，日本社會朝野各界，多把「移民」（immigration）與「殖民」（colonization）定義混淆使用。至少在一八八三年（明治十六年）前後，以漢字表記的「殖民」一語，其實含括移民與殖民的雙重意涵。[19]更重要的是，近代日本朝野之於殖民地臺灣的終極思考在於「增殖永住」，[20]因此新渡戶稻造的「殖民政策」理論則偏屬於區域研究、地方學研究的架構下。

受到新渡戶稻造之於地方學思考的影響，民俗學者柳田國男（1875-1962）乃成立鄉土會，試從農村生活史切入瞭解，卻明顯忽略了經濟相關的基礎調查；而另一位受新渡戶思惟影響的則是，以人文地理學者自居的小田內通敏（1875-1954），即使他試從在地居民的業種與日常生活進行區域考察，但其之於共通性、普遍性與法則性等社會科學之相關基本要件，卻是相對闕如。[21]

基本上，新渡戶稻造是從近代合理主義的角度切入，思考地方學與鄉土研究的議題。根據京都產業大學經濟學部教授並松信久的研究指出，新渡戶的思考源流有四大特徵：其一，在美式新教主義（Protestantism）基礎上，對資本主義抱持肯定態度；其二，因基督教信仰而懷抱人本主義（Humanistic）思惟，進而強烈關心農村貧弊問題；其三，即充滿強烈國家主義特質（nationalistic），但不同於狹隘的國家主義，其重點則放在國家繁昌的終極目標上；其四，則是在現實主義（Pragmatism）基礎上構思議題。

然而，新渡戶稻造的地方學研究之於近代日本的農業問題、抑或是農村研究等並沒有發揮效益。當一八九五年日本取得殖民地臺灣之後，明治日本經濟政策的路線，基本上設定以「工業日本、農業臺灣」為主要發展方針。換言之，新渡戶的專業研究無法有效用之於日本社會，而是在本土以外的區域發揮效益。新渡戶稻造的殖民論與國際關係論，則成為日後活躍於國際聯盟的重要契機。[22]一九二〇年（大正九年）國際聯盟成立時，新渡戶稻造則因前述《武士道》一書，而成為國際知名人士，亦因而有機會擔任國際聯盟事務次長，直至一九二六年（大正十五年）為止；一九二九年

（昭和四年）則銜命擔任國際性非政府組織的學術研究團體「太平洋問題調查會」（Institute of Pacific Relations，簡稱IPR）理事長，亦因而有機會在太平洋會議中為當時日美關係的改善而努力。

值得注意的是，新渡戶稻造以地方學思考處理國際關係議題，依舊不脫傳統武士道思維，強調一切應建構在「道義」二字上，即道義應優先於利益考量；而國際關係首重協調，因此新渡戶主張國際視野應具備社交主義（sociality）。[23]道義的面向有二，其一是「公義」（justice）的面向；另一則是「義理」（duty）的層面，而這種日本社會特有的情念或倫理為期七百年，源自於武家社會時代，也是日本社會人際互動中最受重視的一環。[24]臺灣社會在日本殖民統治五十年的洗禮下，這些源自日本的情念、倫理亦輾轉涵化成為臺灣精神的一部分，更進階成為當代臺灣社會的軟實力。

就在一八九〇年（明治二十三年）二月九日〈教育勅語〉渙發的當年，新渡戶稻造甫從歐美留學回來，同年三月三十一日被母校札幌農學校聘任為教授，札幌農學校時代的同窗好友內村鑑三卻正與「饑饉與苦鬥」奮戰。透過〈教育勅語〉渙發，明治政府意圖將天皇神格化，以確立領導中心，然而對一神信仰的基督徒而言，基本上是令人難以受容的現實。如何有效把二者相互連結，成為內村鑑三畢生思考的原點。

〈武士道與基督教〉：內村鑑三的思想結晶

明治政府把天皇與皇后的玉照（御真影）授予各府縣，皇國思想試從教育做起。一八九〇年（明治二十三年）十一月三日試將天皇制推行全國各地。當時包括內村鑑三任職的第一高等中學校在內，藉由天長節祝賀式，要求教職員生必須對御真影行「奉拜」儀禮，違反或忤逆者則被以「非國民」視之；在此之前，同年十月三十日已有〈教育勅語〉渙發，各高等中學校須行「拜受」與「奉讀」等儀式。[25]這對一高的教師內村鑑三而言，雖可對御真影聊表敬意，但因信仰之故而謝絕奉拜，他必須遵行身為基督徒的決志，其能奉拜的唯一對象，即其心靈深處唯一無二的隱藏版真神耶和華。內村鑑三傲岸不遜的行徑慘遭國粹主義者排斥，因而失去教職。屋漏偏逢連夜雨，在此同時內村的愛妻亦因病過世，內村鑑三面對的是生涯最嚴重的挫敗與打擊。[26]

換言之，當新渡戶稻造正腳踏實地朝往一介「典型」知識分子的路徑走出第一步時，內村鑑三似乎是被世間捨棄而無以自處。據聞當內村鑑三逃到札幌試向友人尋求奧援時，則遭同窗新渡戶稻造以「真是做了件蠢事」一句冷語回應；一八九六年（明治二十九年）四月十日，內村鑑三的一封給新渡戶稻造的信中，對當時的日本社會以虛偽矯情、混淆視聽、虛與委蛇、醜態畢露等字眼，加以嚴厲批判。[27]「不敬事件」之後不久，一八九二年（明治二十五年）二月五日，三十一歲的內村鑑三在《*The Japan Mail*》發表一篇〈Japan : Its mission〉（日本の天職）。一九二四年（大正十三年）十一月在雜誌《聖書之研究》上，六十三歲的內村鑑三重新刊載〈日本の天職〉一文。根據日本都留文科大學教授新保祐司的研究指出，其背後的意義是被世間捨棄的內村鑑三，即使陷入絕望的死亡幽谷，仍繼續追求隱藏版的日本（隠れたる日本、mysterious personality）。[28]而長久以來內村鑑三的思考議題，亦是同一時期所謂「明治之青年」所抱持的隱憂。

媒體人德富蘇峰（1863-1957）在論壇的處女作〈將來之日本〉、京都學派歷史學者內藤湖南（1866-1934）投稿於《大阪朝日新聞》的小文〈日本の天職と學者〉等，皆為著今後國家之進路，而發展出獨特的世界史觀；而浪漫主義詩人北村透古（1868-1894）的自殺更是有其象徵性意義。重點在於當社會對於國家之天職的潛在意識，逐漸淡化的同時，背後代表的是國民之於個人天職的意識，亦逐漸消失，最後僅剩下平民主義與幸福主義。在內村鑑三的認知中，日本社會並沒有有效掌握英國功利主義哲學家邊沁（Jeremy Bentham，1748-1832）所謂「最大多數人之最大幸福」的概念，僅淪為以享樂主義為上的「下流社會之幸福」，然而大和民族抑或是日本人的「原型」本非如此！[29]

內村鑑三反思到底日本人的特質為何？他從歷史的發展脈絡觀之，而以「宗教之民」下結論。維新以來七十年，近代日本汲汲於文明開化，日本社會進入高傲自滿的年代，但就內村鑑三的認知而言，這其實僅是「一時之現象」罷了！[30]根據既是學者亦是文藝批評家的新保祐司之研究指出，在〈山上雜話〉中，內村曾針對日本社會的本質，做出如下的說明，即日本社會深層潛藏的宗教特質，並沒有因著毫無宗教思維的新政府出現而消逝，不同於顯性日本社會的外表，在隱性的日本社會隨處都可以找到神道教或佛教蹤跡，而隱藏版的日本社會更是民眾之間，相互信賴與凝聚共識的原點。[31]

一如前述，在宗教思想的議題上，內村鑑三乃日本基督教「無教會」思想之震源。一九〇一年，內村在一篇〈我が理想の基督教〉中曾透露自己的心聲，「我們的理想即擁有一個不依賴外國宣教士宣傳福音的基督教」（外国宣教師に頼らざる福音的基督教、是れ吾人の理想であった），而其問題思考的前提不脫福澤諭吉的基本思惟「一國獨立」，畢竟國家的獨立自尊與國民精神的存廢是相對應的。開化之子的內村鑑三認為「須仰賴他人的基督教，稱不上是真正的基督教」（依頼的の基督教は、実は基督教ではない）。根據赤江達也氏的研究指出，內村鑑三之於宗教的獨立意志，與近代日本社會意圖擺脫不平等條約，追求國家的獨立自尊不無關連。內村的思考邏輯在於，日本的宗教信仰不應接受海外教會的補助，因為「倘若作為國民精神糧食的基督教非仰賴外國人不可的話，嚴格而言日本稱不上是一獨立國。雖然肉體獨立，但精神層面仍仰賴他人，這是奴隸行徑；即使文物制度獨立，但宗教信仰仍需依賴外國奧援，這個國家已是亡國」。[32]

內村鑑三在札幌農學校時代的好友新渡戶稻造，在許多面向上顯然與內村是對照組的存在，特別是攸關「神」的面向，即所謂信仰的層面。面對受到基督教深遠影響的歐美強權，內村鑑三的思考不同於前述新渡戶稻造對傳統武士道的依存，內村深刻領悟到「武士道的能耐不足以救日本」（武士道そのものに日本国を救うの能力はない），而其真髓是會「逐漸消滅的」（亡びつつある）。[33]換言之，今後日本的進路，唯在武士道的土台上連結基督教，別無他法。因此，日本社會的文明開化，就是把基

督教嫁接（接ぎ木）於武士道。[34]若試以學理說明之，一九二八年（昭和三年）內村鑑三則曾引用《聖經》〈腓力比書〉（the Philippi）第四章第八節，而成為理論依據。簡言之，「基督教是神的道，而武士道是人的道。神的道是完全的，但人的道總有不盡人意之處，因此唯把人的道朝往神的道接近，才能求得完全」（基督教は神の道であります。武士道は人の道であります。神の道は完全であって、人の道は不完全であるは云うまでもありません。そして人の道は神の道に似寄るだけ、それだけ完全なるのであります）。[35]

事實上，將舶來文化以「嫁接」模式，有效轉換成日本特有的本土文化，乃日本社會重要的文化特質之一。以佛教為例，第六世紀初佛教信仰因歸化人而帶進了日本社會，這樣的外來宗教對列島上的傳統信仰之神道教，勢必會產生排擠效應。即使作為神道教最高祭司的天皇，對佛教信仰抱持中道立場，但權臣之間卻因信仰上認知的不同，而產生派系之別。崇佛派與排佛派之間的相互傾軋，其權力消長亦連帶影響皇位的繼承。[36]到了第八世紀中葉，因女帝稱德天皇（718-770）篤信佛教，並重用法王道鏡，讓他以大政大臣禪師的身分坐享權勢，推行佛教政治。在女帝的縱容下，道鏡得以倒行逆施，不少的僧侶為了不讓政教合流，乃避走山林自我修行。[37]於是，外來的佛教乃與日本傳統的神靈信仰融合，進而掀起一股「神佛習合」的新風潮。在神前研讀佛經，或視佛像為神體的「神宮寺」應運而生；另一方面，首重山林修行的天台宗與真言宗，視深山為靈地，又與日本傳統「山岳信仰」相結，成為修驗道的基礎。[38]

第十世紀以後，佛教界透過祈禱而與神道教相結，神佛習合的風潮更衍生成「本地垂迹說」，即「佛是神的本地、神是佛的垂迹」。以一言蔽之，神道教的天照大神乃佛教大日如來的化身；而避免怨靈纏身之消災解厄的「御靈會」信仰更是興盛。佛教之於日本社會從追求現世利益的信仰開始，逐漸衍生成寄望於來世幸福的「淨土教信仰」。[39]淨土教信仰成為孕育十二世紀「鎌倉新佛教」的母胎，所謂鎌倉新佛教或稱「鎌倉六佛教」指的是淨土宗、淨土真宗、時宗、日蓮宗、臨濟宗、曹洞宗等六個宗派。源自於十二世紀中葉的鎌倉六佛教的共通特色，即沒有嚴苛戒律、深奧經典以及虛榮的金錢競擲等華而不實的形式，唯唸佛、坐禪與題目等簡易方法，便可獲得救贖，有效促使武士與庶民階層找到一條與佛教接軌、亦不妨礙神道教存廢之便法。[40]於是，外來宗教的佛教信仰從過去的佛學研究，以及鎮護國家的角色扮演，逐漸衍生成貼近民眾生活所不可或缺之一環，而普及起來。[41]

換言之，把外來文化嫁接於日常生活，而有效涵化成本土文化的元素，已成為日本社會的特色之一。內村鑑三自身的信仰歷程，亦曾三度轉換。[42]首先，一八七八年（明治十一年）內村從日本在地的多神教信仰，轉換成一神信仰，相信耶和華是創造天地萬物的唯一真神；其次，一八八六年（明治十九年）內村鑑三前往美國阿默斯特大學（Amherst College）深造時，深刻體認到來自十字架的救贖；最後，一九一八年（大正七年）內村確信天國近了，基督再臨的深意。[43]

在一連串轉換的過程中，內村鑑三掌握著三個問題意識，其一是基督教如何解救人類；其二是基督教與進化論之間的關係；其三則是日本國的天職是什麼？[44]根據無教會主義傳道者、前東京教育大學教授關根正雄氏（1912-2000）的研究指出，內村鑑三經常思考的議題是，站在神面前渺小的人所應抱持的課題，即作為國家之一員，或人類的一分子所應善盡的職責是什麼？內村鑑三花費畢生找尋答案，最後他把結論以英字篆刻在自己的墓碑上：

I for Japan，我是為了日本（われは日本のため）、

Japan for the world，日本是為了世界（日本は世界のため）、

The world for God，而世界是為了基督（世界はキリストのため）、

And all for God，一切都是為了神（すべては神のため）。[45]

一八九〇年（明治二十三年），明治政府透過〈教育勅語〉的形式，把超越時間、空間的近代日本國體觀，以及相關的臣民觀等合宜之真理向外界公告，並強制將相關謄本發布給各級學校參考。[46]而何以如此？這項政策主要源自於樞密院議長伊藤博文（1841-1909）的決斷，其主要理由在於，日本社會身處文明開化之際，當明治政府師法歐美意圖制定憲法之際，必須確立國家之基軸。伊藤博文自忖，倘若基督教可謂是歐美社會的基軸，那天皇制則可有效成就日本社會。於是，最後在依伊藤博文的獨斷下，確定「我國之基軸所在，唯皇室而已」（わが国に在りて機軸とすべきは、ひとり皇室あるのみ）。[47]

而一如前述，一八九〇年（明治二十三年）當新渡戶稻造被比利時的大學者尋問有關日本社會如何教授道德教育，而為自己當下竟無法及時回應倍感懊惱的同一年，日本政府頒布〈教育勅語〉。然而，很明顯地明治政府背後的意圖是試把天皇神格化，這對基督徒等一神教信者而言，是相對尷尬的存在，更成為翌一八九一年（明治二十四年）新渡戶稻造的同窗好友內村鑑三引發「不敬事件」的問題關鍵。內村鑑三因〈教育勅語〉而引發「不敬事件」當下，敢公然站出為內村言行辯護的，即媒體人出身的民意代表古島一雄（1865-1952）。事實上，早在一八八五年（明治十八年）古島亦曾受制於保安條例，而遭當局以追放令處分，在東京五里內被嚴禁住居。[48]其後，內村鑑三開始不斷提出「無教會」的主張。

令人興味盎然的是，前述一八九九年新渡戶稻造出版大作《武士道》的翌年（一九〇〇年），內村鑑三創辦雜誌《聖書之研究》。而根據關根正雄教授的研究指出，內村明確提出「無教會」思考的主張，則是首見於一九〇一年（明治三十四年）三月十日的宣傳小冊《無教會》。內村鑑三所提倡的「無教會」，其內涵乃試圖徹底落實新教教義中所謂的「人唯因信仰而得救」（人は信仰のみによって救われる），亦才能有效克服「教會」之類的黨派主義，以及其背後的僵化制度。[49]

在該誌第一號的社論〈無教會論〉中，內村鑑三開宗明義提出：「所謂『無教會』，乃指沒有教會者之教會」（「無教會」は教會のない者の教會であります）。[50]一如赤江達也氏的研究之所載，「無教會」派是為了那些不被世俗教會所包容，孤獨、散逸而隱身於社會各個角落的教徒而存在，因此赤江則以「紙上の教會」稱之。

內村鑑三主張所謂無教會主義的教會，乃聖經上所載之真實的教會，且為純日本特有的產物。過去宗教改革之先驅馬丁路德（Martin Luther，1483-1546），因反天主教會而強力打出對聖經的信仰，但仍保留洗禮與聖餐等教會制度，而內村鑑三則曾對此展開嚴厲批判。[52]

不容諱言地，關於無教會主義的主張，亦不能說是內村鑑三的獨創思考。當時在歐美社會亦不乏主張無教會主義者。[53]內村可謂是落實「無教會」的先行者，在其大作《無教會主義の前進》當中，丹麥哲學家索倫・奧貝・齊克果（Søren Aabye Kierkegaard，1813-1855）也曾提出「無教會」思考的相關論述。[54]然而，日本社會的「無教會」派，的確是以內村鑑三為主體而存在，在這項信仰運動中，內村既是創始者，亦是指導者。

一九三〇年（昭和五年）三月二十八日，內村鑑三劃下其生涯句點，享年六十九歲。後輩子弟根據內村的遺言指示，在其過世之後，雜誌《聖書之研究》廢刊處理，並將定期聚會「聖書研究會」解散。[55]即使其後並不存在任何足以有效取代內村鑑三的中心或組織，然而繼續傳承其信仰的傳道者或信徒，則在各自的活動場域以「無教會」派基督教，繼續落實內村鑑三的無教會主義信仰。換言之，「無教會」運動成為多元且分散的一種宗教運動。[56]一八九五年（明治二十八年）則因日清甲午戰爭，而有《馬關條約》的簽定，「無教會」的種子又在殖民地臺灣的土地上播種。

義戰論與非戰論

明治日本無論從國家防衛線的角度或是海外經濟力的拓展，皆須爭取對朝鮮半島的政經影響力。日本試圖挑戰清廷之於朝鮮的宗主權，並於一八九四年（明治二十七年）七月二十五日引爆日清甲午戰爭。眾所周知，這場戰役的結果清廷完敗，除了承認朝鮮王國的主權獨立之外，並同意割讓遼東半島、臺灣與澎湖群島，以及賠款兩億海關兩給日本。然而，明治日本何以在這個時機點上啟動戰爭，其背後牽涉的是伊藤博文內閣正面對著來自國內社會之於不平等條約修訂的殷切期盼，以及對明治政府強勢與無能等諸多不滿。[57]以一言蔽之，即朝野之間在民權與國權的角力關係上，另闢戰場。當時日本社會有志之士對國家未來的抱負與熱情，多因日清情事的發展而澎湃沸騰。不僅前述福澤諭吉是如此，內村鑑三的思想進程亦因日清戰爭而有了新的變貌。

對福澤諭吉而言，日清戰爭與其「國權伸張」、「內安外競」的理念緊密相結。[58]

一八九四年（明治二十七年）七月二十五日，當日、清兩國在朝鮮豐島海域開啟戰端，直至翌年（明治二十八年）四月十七日完成講和條約之締結為止，福澤諭吉透過《時事新報》以果敢、積極的言論成為政府的後援。根據小泉信三教授之研究指出，福澤諭吉開始關心朝鮮半島的議題始於一八八一年（明治十四年），該年六月從朝鮮半島來了兩名留學生，俞吉濬（1856-1914）與柳定秀（1856-1914）等在慶應義塾學習，他們也是朝鮮史上最早前往海外留學的年輕人。[59]翌年（明治十五年），朝鮮改革派要人金玉均（1851-1894）亦因來日，而與福澤諭吉相識，金玉均與同志朴泳孝等人，受到福翁許多的關照，這與早期福澤諭吉認為日本軍備充實、國權伸張的終極目的，是保護東洋諸國不受西方列強壓迫等理念相結。一八八四年（明治十七年），當朝鮮的「甲申事變」導致金玉均、朴泳孝等人亡命日本之際，即受到福澤諭吉保護，藏身於東京三田的福翁宅邸；一八九四年（明治二十七年）金玉均在上海遭誘殺身亡，死於非命，更令福翁感覺不憫，而請高僧為他選個法名、做個牌位，供奉家中的佛壇憑弔。[60]

事實上，從一八八二年（明治十五年）壬午事變，[61]以及一八八四年（明治十七年）甲申事變的發生，除了讓福澤諭吉清楚瞭解朝鮮王國的內部問題外，更讓福翁體認到為求朝鮮的獨立自尊，排除大清之於朝鮮的宗主權，勢必引發日、清兩國之間的衝突。無獨有偶地，明治政府也有一樣的想法。因此，一八八四年當清、法兩國為了安南宗主權問題開戰時，明治政府想趁勢藉由獨立黨的接應，一舉排除清廷之於朝鮮的宗主權，果不其然地引發日、清之間的衝突，即前述的「甲申事變」，最後則以《日清天津條約》之簽訂而落幕。一八八四年十二月十五日《時事新報》以一篇〈朝鮮事變〉為始，直至翌年四月二十二日《天津條約》締結為止，連日馬不停蹄地刊載朝鮮議題之相關社論。[62]

換言之，一改過去濟弱扶傾、同仇敵愾的思惟，一八八〇年代中期以後的福澤諭吉，在對清、對朝關係上改走強硬、果斷路線，這亦是福澤諭吉「脫亞論」思考的源流。[63]而一八九五年日清甲午戰爭的結果，讓他不禁以「官民一致的勝利，只能以愉快、感謝形容」！[64]畢竟對福澤諭吉而言，日清甲午戰爭是一場爭取「國權」的戰爭，更是文野之間的優劣對決。[65]

內村鑑三之於日清戰爭的思考與福澤諭吉雷同，他發表數篇論著支持明治日本的戰爭政策，其中相對有名的一篇，即一八九四年九月三日發表於雜誌《國民之友》的大作〈日清戰爭の義〉，事實上這篇文章早於該誌的前號，同一要旨曾以英文發表，標題是〈Justification of the Corean War〉，內村試為日清戰爭的正當性辯解，即所謂日清戰爭「義認論」。內村鑑三從社會進化史觀的角度主張，人類社會以開創克己博愛的時代為目標，就必須先經過「進化」的陣痛階段。[66]

在福澤諭吉的文明信仰下，以文明干涉野蠻，甚至以武力給予合宜的懲罰，是有意義的行為。依福翁的邏輯，日本出兵朝鮮的意義，不僅是奧援朝鮮政府，更是發揚文明、正義的普世價值。他天真地以為協助朝鮮政府解決內政問題，不僅可有效增進兩國邦誼，掃除固弊陋習，更是共創幸福之舉，對人類社會有所貢獻。[67]然而，他卻忽略了日本之於朝鮮的「和戰文武」之舉，難道不會引發朝鮮民眾的戒慎恐懼嗎？即使日本的國力無法與歐美列強相提並論，然而福澤諭吉的「朝鮮政略」，直言之就是所謂的「砲艦外交」。[68]

福澤諭吉曾於〈東洋の政略果して如何せん〉一文中，[69]探討今後日本之於朝鮮、之於清廷的政略究竟如何，畢竟日本在東亞地區扮演了文明開化有效轉型的角色，因此日本與朝鮮、清廷的交際往來亦應進入新階段。首先，不讓東亞成為西人酣睡之處，乃日本之職責，因為朝鮮、清廷與日本之間對於文明開化，明顯各持不同想法。而不同於日本以和平主義為其終極目標，清廷對於文明開化則相對消極。面對這項議題，福澤諭吉認為日本僅有「退守策」或「進取策」等兩條路可走。依福翁之見，倘若抱持鴕鳥心態而採行「退守策」，則俄羅斯勢必伺機東侵，而其他列強亦蠢蠢欲動，屆時朝鮮恐招不測，清廷亦連帶蒙禍，當東亞地區因而引發變動之際，日本恐難以事不關己地繼續下去。換言之，採行「進取策」勢必成為日本唯一無二的選擇。[70]而所謂「進取策」的具體內涵簡言之，即針對鄰國固陋者誘之以道；對質疑者交之以直；且先以文、次以武對處之。而為防止清廷干涉朝鮮獨立，日本勢必介入其中，因此日本社會自然對「兵備」有所需求。而「兵備」的前提，就是增稅。為求國家的獨立自尊，增稅既在所難免，因而必須教育民眾具備「國權」的自覺，理解「護國」之義務。

而內村鑑三則試從歷史地理角度設想日本國的「天職」，思考議題。歐美文明西力東漸來到了日本，日本則成為東亞世界進步的象徵，內村認為日本的地理位置成就了日本國的天職，即成為東西洋之間的媒介，把西洋文明帶進東亞社會，又把東洋文化介紹給歐美人士。而日清甲午戰爭的意義就是在社會進化論的史觀下，進步的日本試與東亞的退步國大清對決；另一方面，向國際社會展示代表西洋文明的「自由」與象徵東亞文化儒家的「忠君愛國」，二者之間可以相存並容，而這亦是「日清戰爭義認論」（justification）思考的原點。[71]在內村鑑三的認知中，日清甲午戰爭的真義在於有效警醒大清，應與日本共同從事東洋的改革，而這亦是日本的天職，即為求永久和平的終極目標而戰。很顯然地，內村鑑三之於日清戰役的思惟邏輯與福澤諭吉有志一同。[72]

除了戰爭爆發後，福澤諭吉曾以一篇〈日清戰爭は文野の戰爭なり〉，強調日本是為了打倒世界文明的妨礙者而戰；內村鑑三則以英語發表〈Justification of the Corean War〉（日清戰爭の義），主張大清是社交律的破壞者、人情之害敵，更是野蠻主義的保護者；反歐化主義的媒體人陸羯南（1857-1907）在甲午戰爭爆發當下，亦視大清為「東洋第一野蠻國」，而文明的勝負決此一役；而一介「洋學紳士君」之代表的德富蘇峰（1863-1957）則對大清的認知莫過於「文明之敵」、「人道之敵」，並主張征討大清的行徑不外乎是義戰之舉。[73]

雜誌《國民之友》乃德富蘇峰創刊於一八八七年（明治二十年）的一本人氣誌，是代表進步思惟的綜合性刊物。把自己定位為急進型平民主義者的德富蘇峰，受到日清戰後三國干涉的衝擊，則成為從民權論者轉換成國權論者的典型人物。[74]一八九四年七月前後，蘇峰分別在《國民之友》與《國民新聞》等雜誌一連發表了八篇論說，其後則以《大日本膨脹論》結集成冊。[75]當德富蘇峰有效掌握實學的理念與西歐之學問的同時，也意識到即使國際社會的現實是以腕力較勝負，但仍有其應具備的規範與道義，換言之，唯實「力」當前，才能講「理」。如今日本的國際地位淪為「國權遭侵犯、國威被蹂躪」，除了以威制威，別無他途。以德富蘇峰為始，日本社會部分人士之於國家主義的思考從過去的武斷無謀、亦或是理想主義，逐步展現出戰略性格。[76]

然而，福澤諭吉對於日清甲午戰後的日本社會，充斥一股好戰熱潮，以及輕薄且欠缺責任感的急進論，卻也備感憂心。[77]一八九七年（明治三十年），一封福澤諭吉寫給門生日原昌造（1853-1904）的信函中，以一句「近年來國人漫無忌憚地熱衷外戰著實令人感覺困擾」，透露他潛藏心中的隱憂。[78]

面對國內社會眼見戰爭開始展現勝算趨勢，國民大眾沉浸於「清國討滅論」的狂熱中，而這場戰役的結果僅淪於朝野對領土、經濟野心的滿足罷了，內村鑑三亦對此扭曲的社會百態深感憂心。內村的隱憂與福澤諭吉的思考雷同，而他一改過去對社會進步史觀的理解，後悔當時為政府的戰爭政策辯護。內村鑑三寫給美籍友人David Seabury的信中強調，儘管日清甲午戰役業已結束，但當時的「義戰」卻幾近於掠奪戰爭，而當時高唱「正義」的預言者，現在心中卻充斥著一股屈辱感。[79]然而，根據前同志社大學教授田畑忍的研究指稱，儘管內村鑑三在日清戰勝的契機下，轉型成「非戰論」者，但值得注意的是，種種跡象顯示內村並非是「無軍備論」者，[80]且他亦非是「非戰論」者的第一人，「非戰論」的始作俑者是主張社會主義的幸德秋水（1871-1911）。[81]一九〇〇年八月七日，幸德秋水曾在《萬朝報》發表大作〈非戰爭主義〉。[82]值得注意的是，內村鑑三是虔誠的基督徒，而幸德秋水則是無神論者，然而對於有關當局為了滿足自我狂熱、虛誇心態，而鼓動社會燃起一股好戰的愛國心，顯然與權道主義者的福澤諭吉想法雷同，此二人亦有志一同，強烈主張此風不可長。[83]

針對過去的「日清戰爭義認論」，內村鑑三其後猛省自己為協助日本走向惡端，悔不當初，並決意從此不再為明治政府的任何舉動辯護。[84]內村的憤懣一如他在《國民之友》的一篇撰文〈時勢の觀察2・實益主義の國民〉之所言，[85]他深感憂心的是國民大眾的不正直，他們不信正義卻暢談正義，他們對鄰國的關心僅止於口頭說說罷了，而他們的俠義之心更是淺薄，其原文如下：

私の愁嘆はわが国民の真面目ならざるにあり、彼らが義を信ぜずして義を唱えるにある。彼らの隣国に対する親切は口の先にとどまって心からのものではないことに

あり、彼らの義侠心なるものの浅薄であることにある。[86]

顯然，福澤諭吉與內村鑑三等二人之於日清戰後所關心的焦點，一言蔽之，即「國民的品格」。因此，福澤諭吉乃引領弟子小幡篤次郎（1842-1905）、門野幾之進（1856-1938）、鎌田榮吉（1857-1934）、日原昌造、石河幹明（1859-1943）、土屋元作（1866-1932）以及福翁的子息福澤一太郎等，共同撰寫《修身要領》二十九條，並於一九〇〇年（明治三十三年）二月二十五日登載於《時事新報》，期盼能有效改變激進、漫論的社會世風；無獨有偶地，同年（一九〇〇年）十月十一日，內村鑑三則透過東京警世社書店出版大作《興國史談》，[87]該書則是把一八九八年（明治三十一年）六月內村鑑三自辨的《東京獨立雜誌》之連載，匯集成冊的一部作品。[88]

《興國史談》的宗旨是站在社會進化史觀的基礎上，以振興日本為前提，強調國民大眾應有的心理建設。內村鑑三意圖傳達的訊息是國家的地理位置再好，倘若國民欠缺了興國精神，仍有亡國隱憂。而興國精神的內涵以一言蔽之，即敬畏真理，擁有保守真理的道德勇氣。內村鑑三的思考認為，唯真理的存在高於國家，才可謂是真正的謙卑，而欠缺謙卑精神的社會，國家亦難以興隆，這個概念乃前述內村鑑三針對日本的天職思考之延續。[89]在《興國史談》第二回〈興國の要素〉最後，內村引《箴言》第十八章第十八節，所羅門王之所言「驕傲在敗壞以先，狂心在跌倒之前」，強調興國乃來自於謙卑之恩賜，亡國則是傲慢的下場。[90]

而歷史與國家興廢的關聯性，早在一八八四年（明治十七年）福澤諭吉亦曾論及。福澤諭吉創辦的平面媒體《時事新報》當中，有一篇題為〈歷史教學新案〉（歷史教授ノ新案）之社論，[91]該文意圖以史學研究為例，試闡述「學問」的真意，即從歷史文脈中掌握未來。雖然無法有效判讀該文是否由福翁主筆撰寫，但依慶應義塾大學教授西川俊作之所見，由福翁主筆撰寫的可能性相當高。[92]而其內容宗旨與福澤諭吉另一大作《學問之勸》的核心思想「實學之用」，基本上殊途同歸，亦可謂是《學問之勸》的補充。而其內容於文頭與文末便可略知一二，重點如下：「舉凡歷史的學習，目的是觀察過往千百年來的各種社會現象及其成果，藉此預知未來的人事可能產生之變化。因此，古往今來的社會沿革、國之興廢、事物成敗等因果關係，皆可了然於胸。特別是在不同學科中，每項新發現的背後，經常會走同樣的軌跡，而研磨考究之後則可歸納出一個共通法則。因此一旦有相同的法則出現，便能有效算定或推測其未然。一興一敗、千變萬化便不足為懼、不以為怪。若能有效應用，更能促進將來之進步、抑或是防範未萌之禍根，其功效可以偉大稱之」。[93]

而內村鑑三的《興國史談》之內涵亦然，唯內村在興國的概念上，更加注了天地宇宙之間的「真理」。內村的《興國史談》第一回〈興國と亡國〉中開宗明義，倡導「國民之不朽」（Immortality of Nations）。[94] 換言之，內村鑑三所追求的是「國家的品格」。根據內村之所言，「国は一種の理想を以て成るものであるから、理想の存する限りは其国は決して亡るものではない、日本には日本の理想があり、其尽すべき特種の天職がある。而して此天職を充たす者が真正の日本人であるのである」，[95] 即，國家必須要有理想，有理想抱負的國家是不會滅亡的，倘若日本擁有國家理想，則勢必善盡日本特有的天職，而能有效完成天職者才是不折不扣的日本國民。

受到基督教思想的洗禮，內村鑑三深信國家之興亡、國民的死活，唯神知道，而人是難以參知的。[96] 一如智人摩西帶領族人在曠野流浪四十年後，不禁向神祈禱「主啊，祢世世代代作我們的居所。諸山未曾生出，地與世界祢未曾造成，從亙古，到永遠，是神。祢使人歸於塵土」，[97] 摩西試向神祈求智慧，他說「求祢指教我們如何數算自己的日子，好叫我們得著智慧的心」。[98] 這裏所謂智慧的心，應該是摩西對當時的一切感覺迷惘，他藉由禱告試想瞭解神所賦予自己的天職到底是什麼。

內村鑑三的基本主張，國家振興的前提，即國民必須對國家的天職有所認知，否則國家命運多舛。[99] 而何以近代東洋諸國頹敗，而西洋諸國則興旺？依內村之見，不能全歸咎於歐美列強的狼虎之性，亡國或興國基本上取決於文明的程度，但亦僅止於表象罷了，真正的關鍵在於國家對真理的執著。優勝劣敗固然是興國或亡國與否的主因，倘若社會充滿悖德、亂倫、高慢、自大，無論軍力再強，也難以成為國際社會的執牛耳者。[100]

而一個引發內村鑑三思考的實案研究，即一八九〇年代的「足尾礦毒事件」。古河財閥在足尾銅山經營採礦，礦毒流入渡良瀨川導致下游農害嚴重，因此農民發起請願運動，要求該公司停止採礦、賠償損害。當時的新科眾議院議員田中正造（1841-1913）亦藉此議題博取媒體版面，抗爭運動甚至延燒到擬向天皇直訴的局面。內村觀察整起礦毒事件之經緯，深刻體認到無論經濟如何隆盛，倘若國民的「精神」萎靡，國家依然是踏著滅絕之路行進。一九〇五年五月，內村鑑三發表〈既に亡国の民たり〉，其重點如後：「国民の精神の失せた時にその国は既に亡びたのである（略）官吏と商人とは相結託して辜なき援助なき農夫職工らの膏を絞るに至ては、その憲法はいかに立派でも、その軍備はいかに完全して居ても、その大臣はいかに智い人たちであっても、その教育はいかに高尚でも、かくのごとき国民は既に亡国の民であって、ただわずかに国家の形骸を存して居るまでである」，即當國民精神淪喪時，國家亦於焉滅亡！內村鑑三強調在官商勾結等利益交織下，無辜又無助的弱勢階層如農夫與職工的勞力所得遭致剝削，而這種現象已無關乎憲法的高尚與否、軍備的完整與否、大臣的優秀與否、教育的普及與否，國民大眾已淪為亡國之民，國家的結構僅存形骸。而依評論家若松英輔氏之見，內村鑑三所謂國民的「精神」，所指的乃是民眾的「靈性」層面。[101]

為了使日本避開陷入亡國的悲運，有效成為世界一等大國，內村鑑三從歷史觀察中研究興國的理由與現象，進而歸納出五項要件，即地理位置、優秀人種、宗教信仰、順應時勢與英雄人物等，但最重要的卻是來自神的恩典。在《興國史談》第二回〈興國の要素〉結語，內村歸納出「爱に於て我々は興国は上帝の特別の恩恵に依るものにして、是れ人意の望んで達し得べき事ではないことを感ずるのである」，[102]即興國與否必須仰賴上帝的恩賜，人是無法參知。在內村的認知中，國之振興乃來自於天祐，而既是如此，國民全體更須保有一顆虛懷若谷的心。換言之，內村鑑三的大作《興國史談》的核心思想，即《箴言》第十五章第三十三節之所言「敬畏耶和華、是智慧的訓誨；尊榮以前、必有謙卑」。

其後不久，一九〇二年（明治三十五年）一月日英同盟締結，日本社會朝野各界開始醞釀一股對俄羅斯強硬策，問題的源頭出於一八九五年（明治二十八年）俄羅斯主導三國干涉還遼之後，俄國竟開始坐享漁夫之利。一八九六年（明治二十九年）俄羅斯勢力趁虛南下，進駐朝鮮半島；一八九九年（明治三十一年）又試向清廷強行長期租借旅順、大連。對日本社會而言，三國干涉的舊恨未平，新怨再起。東京帝國大學教授戶水寬人（1861-1935）等七博士，首先發難，一九〇三年（明治三十六年）六月聯名上文給當時的桂太郎（1848-1913）內閣，提出日俄開戰意見書，因帶動風潮而蔚為話題。眼見世態變成如此，內村鑑三基於過去日清戰爭「義戰論」的失敗經驗，乃積極倡議日俄戰爭「非戰論」。[103]

一如前述，此一期間先有一九〇〇年（明治三十三年）七月內村鑑三主筆的《東京獨立雜誌》廢刊，起而代之的是《聖書之研究》創刊，內村試從傳道人的角度改革社會世相；[104]而幸德秋水則與堺利彥（1871-1933）以「非戰論」為核心思想，於一九〇二年成立社會主義社團「平民社」，並發行週刊報《平民新聞》。

在日清戰爭義認論（justification）的自省過程中，內村鑑三的腦海裡浮現三個議

題，一是人生的意義，其次是國家的天職，最後是個人的天職。早在一八九二年（明治二十五年）內村的一篇大作〈日本の天職〉，提及「このようにして人類終局の目的ありまた人々各々天職ありとすれば、国民なるものもまた一つの集合体であり相寄って人間界を組織するものであるから、宇宙に目的があるのと同じくまた一個人に天職あるのと等しく、各国民にも特別な天職があって、全地球の進歩を補うであろうと考えるのである。」，[105]即透過各個國民的集合體進而結構出全人類的關係，因此每個國家皆有其天賦的角色扮演，而日本的天職是什麼？乃「汝旭日帝国よ汝の光線を東西に放ち東の方欧米に反射し西の方アジアを照らし以って汝の天職を満たせ」，[106]即日本國的天職莫過於以其所綻放之萬丈光芒遍照於東西方，朝西照亮著亞洲，再往東向歐美反射過去。

　而針對日俄戰爭非戰論，依關根正雄氏的研究指出，內村鑑三的立論依據有四，其一是新約聖經之教義、其二是無抵抗主義的可行性、其三是過去十年國際關係的經驗、其四則是受到和平主義媒體《*Springfield Republican*》等思惟的影響。[107]一九〇二年六月二十四日，當前述東京大學七博士的開戰建言書提出後不久，同六月三十日內村鑑三隨即在《萬朝報》發表高見，「余は日露非開戦論である許りではない。戦争

絶対反対論者である。戦争は人を殺すことである。爾うして人を殺すことは大罪悪である。爾うして大罪悪を犯して個人も国家も永久に利益を収め得やう筈はない」，[108]即從一介基督徒的立場觀之，內村鑑三明確表達自己不僅是日俄非開戰論者而已，更是戰爭的絕對反對論者。其理由不外乎就是戰爭會導致人類犯下殺人之大罪惡，而犯下如此大罪惡者無論是個人抑或是國家，皆難以坐收永恆之利益。而內村的這項主張亦成為日本社會反戰論者、抑或是和平主義者重要的參考依據。內村鑑三的自我主張一如前揭〈日本の天職〉之所言，「自国の強大のみを求めて他国の利益を顧みない国民が永久の富強に達したのを私は歴史上いまだかつて見たことがない」，即，唯求己國之強盛而罔顧他國權益，卻能維持國民的長治久安者，歷史上近乎是前所未聞。[109]從事後諸葛的角度觀之，近代日本最後的確在內村鑑三的預言中，走上了幾近亡國的窮途末路。

另一方面，無論是福澤諭吉或內村鑑三，皆因甲午戰後日本社會充斥著傲慢與墮落而變得憂心忡忡。福澤諭吉於一九〇一年（明治三十四年）便撒手人寰，但內村鑑三的非戰主義論調才剛起步。一九〇四年（明治三十七年）日俄戰爭開戰之際，內村鑑三發表《戰爭廢止論》，即使過去內村曾批判福澤諭吉是「拜金宗」，因福澤的思

考模式一向多以金錢第一主義處之。[110] 然而，依憲法學者田畑忍之見，內村鑑三亦凡事不乏以現實利益估算之。一九〇三年（明治三十六年）內村在大作《平和の実益》中強調「戰爭的確多少也會帶來一些利益，然而和平所帶來的利益卻遠比戰爭來得多」（戦争にも多少の利益はあるであろう。しかし、平和の利益は戦争の利益よりも多くある）。又、翌年（明治三十七年）在前述《戦争廢止論》中更強調戰爭的絕對之惡，無論個人或國家皆無法坐收永久之利。

內村鑑三的非戰思考，在國家主義、無軍備主義等基礎上與宗教信仰的和平主義相結，而其背後則有其道德性、政策性、利益導向等作為相關論據。而田畑忍氏主張，內村鑑三是試從基督教的攝理史觀（Providence）[111] 探討戰爭議題。[112] 而他更指出內村鑑三之於非戰論背後的隱憂，即日俄戰爭的源頭在於日清戰爭，而日俄戰爭之後又會引發什麼戰爭？這著實讓內村深感不安。[113]

根據名古屋學院大學教授葛井義憲的研究指出，日清甲午戰役之後，內村鑑三眼見日本社會沉淪於掠奪與貪婪當中，道德頹廢，一八九六年（明治二十九年）他在一篇〈時勢の觀察〉中，對過往自己這種不明就理的言行感到不恥，當時竟視日清戰爭為一場「義戰」，甚至撰文訴諸國際社會，當然這也是引發其後他開始致力聖經之研

究，並於一九〇〇年（明治三十三年）十月創刊《聖書之研究》，把思考重心放在「非戰與和平」的主因。該文原本刊載在《國民之友》三〇九號，現收錄於《內村鑑三全集》第三卷，[114]內村內省自己的愚昧不察，竟然全盤接受日清戰爭的「義戰」主張，原文如下，「余輩の如き馬鹿者ありて彼らの宣言『日清戦争は義戦との主張』を真面目に受け、余輩の廻らぬ欧文を綴り『日清戦争の義』を世界に訴えたその軽率な言論活動を陳謝し、自らの判断の誤りを天下に明らかにしている」，即內村鑑三承認自己在欠缺獨立思考、明辨是非的情況下，直接以西文將日清戰爭之「義」訴諸國際社會，更為自己輕率的言行表達謝罪之意。[115]

事實上，即使日俄戰爭的結果讓日本有機會排進帝國主義者行列，有效達成與萬國對峙的目標，然而內村鑑三從一九〇五年（明治三十八年）乃至一九一一年（明治四十四年）期間，仍不斷發表其之於非戰論、無軍備論、和平主義之相關理論依據。內村鑑三認為，雖然日俄戰爭勝利，但卻讓日本社會失去了「誠實之念」，僅淪為敵愾心旺盛的一群人罷了，最重要的是忘了「生命誠可貴」（人命を貴ぶの念）的人本關懷。一九〇五年十一月，內村在雜誌《新希望》六十九號中一篇〈日露戦争より余が受けし利益〉中形容戰爭一如嗜血成性的野獸，貪婪無厭，而即使如此，有人還是

對戰爭手段情有獨鍾，甚至繼續批判非戰言論，其原文如下，「戦争は飽き足らざる野獣であります。彼は人間の血を飲めば飲む程、更に多く飲まんと欲する者でありま す（略）是でも戦争は好いものであると言ふのでありますか、是でも非戦論は非なりと言ふのでありますか乎」。[116]整體而言，內村鑑三所推動的和平運動，不僅是作為一名基督徒的基本職分，在當時更成為另一種勇者的愛國行為之表徵，而烙印在社會大眾腦海裡。[117]

既是如此，日俄戰爭結束後約莫十年，歐洲戰爭爆發（一九一四至一九一八年，大正三至七年），特別是美國的加入戰局，這對內村鑑三而言著實是一股衝擊，除了倍感失望外，更強烈意識到人類的戰爭癖好。畢竟在這之前有很長的一段時間，內村視美國是愛好和平的國家；而更令內村難以接受的，則是一九二四年（大正十三年）美國國會通過的《排日移民法》（Immigration Act of 1924）。

當然，從法案內容觀之，這個法案雖不算有針對性，舉凡來自海外的勞動移民皆適用於此案，但對於移民人口佔多數的亞洲人而言，則相對嚴苛。一直以來，日本政府在《日英通商航海條約》（Anglo-Japanese Treaty of Commerce and Navigation）的後盾下，輕忽契約移民可能引發的國際問題。即便外館使節一再提醒，仍鴕鳥心態、推

託諉責。一九〇五年的「亞細亞人排斥同盟會」（Asiatic Exclusion League）、一九二四年的《排日移民法》，再再重創日本社會欲與萬國對峙的殷切期盼。[118]一九二四年內村一連發表了十一篇以上對美國社會的排日法案表達嚴正不滿的撰文，包括〈米国人の排斥を喜ぶ〉、〈米国に勝つの途〉、〈Exclusion Again 再び米国の排斥に就て〉、〈米国人の排斥を歓迎す〉、〈米国人の排斥に會ひて〉、〈米国風を一掃せよ〉、〈米国人の排日憤慨〉、〈対米所感〉、〈A Dialogue 日米対話〉、〈対米態度の維持〉、〈対米余禄〉等，顯見內村鑑三內心受到很大的衝擊。[119]然而，依若松英輔之見，內村鑑三強烈反對的是法案的內容，但並未波及至美國社會。[120]

其後，內村鑑三在他的和平思想論試加注戰爭刑罰論的可行性，更進而連結舊約聖經〈以賽亞書〉的訓示，以及基督再臨等相關議題。[121]他把歐洲戰爭的主因歸結於基督教國家民眾的背信、偽善與墮落，而這個情境與《聖經》〈創世紀〉第六章，挪亞時期大洪水發生的背景雷同。[122]一個重點是，內村鑑三注意到戰爭謳歌與教會之間的關係，也因此更強化了他對「無教會主義」信念的再認同。於是，不僅開始攻擊教會的戰爭主義，亦認同社會主義者的和平論。內村鑑三之於和平的思考，即舉凡一切根據神的話語行事，並等待基督的再臨。而這個理念在歐戰期間內村所發表的大作

〈教會と戦争〉（一九一四年）[123]與〈戦争廢止に関する聖書の明示〉（一九一七年）[124]中，一覽無遺。[125]顯然這也是其後內村鑑三更堅定「無教會主義」思考的源流之一。

一九一〇年（明治四十三年）五月，幸德秋水因「大逆事件」遭致死刑判決。在執刑後不久，德富蘇峰的胞弟亦是浪漫主義小說家的德富蘆花（1868-1927），於第一高等學校的一場演講中為幸德秋水抱屈，蘆花引《聖經》〈馬太福音〉第十章二十八節的一句話，表達對當局的不滿，即「那殺身體的，不能殺靈魂的，不要怕他們」！德富蘆花把無神論者幸德秋水的犧牲，定義為「殉教者」之死，並試圖向年輕學子傳達「自立自信、自化自發」的訊息。換言之，幸德秋水雖死，但其精神不死。[126]而「殉教者」之死亦是福澤諭吉一八七四年（明治七年）在《學問之勸》第七編所倡議的〈論國民之職分〉（国民の職分を論ず），「遵守正道真理，不謂官憲壓力而捨身取義，篤信天理而不以暴政或苛律所苦，仍堅守初衷，但卻不持武器、不以暴力，持續以正道真理向政府提出訴求」。在福翁的認知中，那些「為了國民大眾捨去性命亦在所不惜者」，即西人所稱的「殉教者」，雖然犧牲了一己之軀，卻有殺掉千萬人之效。[127]德富蘆花力抗強權的對策與基督教的訓示，以及福澤諭吉的思考等，顯然是有志一同，而這些思考亦影響了同時代內村鑑三之於其後所衍生出的因應手段，即「無抵抗主義」。

必須一提的是，就在一九〇七年「亞細亞人排斥同盟會」引發溫哥華排日事件的前一年（一九〇六年），德富蘆花曾遠赴俄羅斯與俄國哲學家托爾斯泰（Lev Nikolayevich Tolstoy，1828-1910）會面，而一九一〇年「大逆事件」爆發的同一年，托爾斯泰過世。根據若松英輔氏的研究指出，近代日本的非戰思惟，並非始於基督徒的德富蘆花，乃至無神論者的幸德秋水、傳道人的內村鑑三等，其實溯本清源皆是受到托爾斯泰的影響。[128]早在一九〇四年幸德秋水便曾在《平民新聞》發表題為〈評論托爾斯泰翁的非戰論〉（トルストイ翁の非戰論を評す）一文，即使難以完全認同，但對托爾斯泰的非戰論思惟仍給予高度評價。[129]

托爾斯泰的非暴力基督教無政府主義思惟，亦影響了內村鑑三的非戰思想。一九一〇年十二月十日，內村鑑三在《聖書之研究》發表〈哀悼托爾斯泰〉（トルストイ翁を弔う）一文，強調托爾斯泰平日最憎恨的就是「戰爭」與禮讚戰爭的「教會」；而在行文中亦提及前述丹麥神學家索倫・奧貝・齊克果他是無教會派的先驅。根據若松英輔氏的研究指出，內村鑑三早在一九〇七年發表的〈無教會主義の前進〉一文中，便奉索倫・奧貝為先導者。[130]換言之，托爾斯泰與索倫・奧貝的主張，可謂是造就其後內村鑑三「無教會派」思考的源流。

無教會派國家主義者的懸念

矢內原忠雄

內村鑑三的非戰論主張，竟與《萬朝報》社長黑岩淚香（1862-1920）的開戰論立場分歧。無奈之餘，內村決意離開《萬朝報》，臨別之際內村鑑三發表了一篇標題為「朝報社退社に際し涙香兄に贈りし覚書」的備忘錄，並強調「小生は、日露開戦に同意することを以って、日本国の滅亡に同意することと確信致し候」，[1]即倘若同意日俄開戰，則等同於自己同意日本走上亡國之途。換言之，內村鑑三已為日本將因日俄戰爭而毀滅做出預言，畢竟從甲午戰爭的經驗中清楚顯示，戰爭的存在只會讓陣亡者眾、國庫失血、道德墮落，國力消磨，甚至讓國家走上滅亡之途。（參照附錄三）

從前述〈日本国の天職〉（一八九二年）到〈日本の天職〉（一九二四年）[2]，內村鑑三的大半輩子對於走在世界歧路中的日本，一直處於研究摸索中。根據田畑忍氏的研究認為，內村最後得到的結論是日本國的天職莫過於宗教，且以「道義指導萬國」（道義を以て万国指導に在る）！畢竟自十三世紀蒙古襲來之後，日本都是以神明特別眷顧之國自居。內村鑑三相信，過去是如此，眼前亦是如此。《聖經》〈路加福音〉中有一段「耶穌說，在人所不能的事，在神卻能」。[3]而內村篤定認為，多數日本國民的理想就是以預言者之姿，實現往昔以色列人民的理想，一如他在其〈日本

の天職〉中清楚說明「日本人多数の理想は、預言者を以て言い現されたる昔のイスラエルの民の理想で在る」。由此可知，內村鑑三的和平思想乃奠基於對兩個「J」的大愛之上，其一為耶穌的「J」；另一則是日本的「J」。[4]

內村鑑三病逝於一九三〇年（昭和五年）三月二十八日，過去內村從國家整體利益考量所倡導的非戰論，逐漸轉型成和平論。他對日本國的期許莫過於其之於《興國史談》之所言「我々日本人は亡びてはならない、それだから我々は真面目に心を静かにして我々の日本を世界第一の国と為すことが出来る」，[5]即日本人是不會滅絕的，也因此吾人須認真地使心靜默下來，讓日本成為世界一等國。而這項理念其後亦被東京帝大教授矢內原忠雄（1893-1961）繼續傳承下去，然而在軍國主義掛帥的一九三七年卻因此引發了「矢內原事件」。

國家的理想

從明治時代乃至戰後為止，內村鑑三的著作一直受到為數不少的讀者青睞；而他所倡導的「無教會」，在近代日本培育了約數十名傳道人，其中最有名的莫過於東京大學教授矢內原忠雄。一如前述，無教會派基督教既無制式組織，亦無特殊教義。而矢內原忠雄所主導的無教會主義，卻是無教會運動中最廣受支持的。根據赤江達也氏對矢內原忠雄的理解認為，所謂「無教會」的特徵，以一言蔽之，首要之務即把基督教信仰單純化，再與日本的國家主義相結，從中找出對世界貢獻的原點；此外，「無教會」派基督徒經常有其自我期許的使命感，並試以真理的預言者自居。[6]

早在一九一七年（大正六年）十月，內村鑑三利用馬丁路德宗教改革（the Lutheran Reformation）四百年紀念的契機，自行把「無教會主義」定位為「第二次宗教改革」。[7]翌年（一九一八年）初乃至隔年的五月期間，內村更打出「基督再臨運動」，試向社會大眾展開傳道活動。事實上，就在同年（一九一九年）二月，矢內原忠雄完成大作《基督者の信仰》，以謄寫版百部分送同僚與親友。[8] 換言之，在歐洲戰爭的契機下，內村鑑三思考著今後基督教發展的可行性，以及基督教的中心是否有可能從歐美位移至日本？而內村對基督教未來的各種發想，亦傳達給身處遠端的矢內原忠雄。

眾所周知，矢內原忠雄是東京大學經濟學部教授，他的一部研究著作《日本帝國主義下之臺灣》（帝國主義下の台灣），清楚表達其之於殖民地問題的思考研究。根據矢內原忠雄的大作《私の歩んできた道》，其之於東京大學的緣分則可從一九一三年（大正二年）入學東大的時代算起，扣除大學畢業後在別子銅山的住友總本店任職三年，以及一九三七年（昭和十二年）因筆禍事件而有八年期間停聘失業，矢內原的人生有四十年以上都是在東京大學度過。[9]

而矢內原忠雄之所以會與札幌二人組的內村鑑三、新渡戶稻造產生裙帶關係，則須從一個奇緣談起。一九一〇年（明治四十三年），矢內原忠雄前往東京第一高等學校一部甲類英法科就讀，是受到第一神戶中學校的學長川西實三（1889-1978）的建議所致。矢內原滯留東京期間，便被當時的一高校長新渡戶稻造，以及校長的同窗好友內村鑑三等前輩風采傾倒。[10] 先不提校長新渡戶稻造，矢內原忠雄終其一生師事的一位心靈導師，即主倡「無教會主義」的內村鑑三。然而，少年時代的矢內原即使相當尊敬內村老師，但站在老師身邊。卻顯得相對疏離。[11]一九一七年（大正六年）三月，矢內原忠雄為了到住友集團總本店任職，暫時無法出席內村鑑三的聖經講義會，或是相關的演講活動，但他在赴任地新居浜（日本愛媛縣）則繼續購讀內村鑑三發行的《聖書之研究》，繼續追蹤內村老師的發想與新論。[12]

一九二〇年（大正九年）矢內原忠雄以東大經濟學部副教授之姿，前往歐美留學，遍歷英、德、法、美四國研究西方的殖民政策，一九二三年（大正十二年）回國，並升等為教授，擔任殖民政策講座教師，同時也在法學部與農學部兼課。近代日本從一九二三年（大正十二年）以後，無論經濟、政治，乃至社會、思想等，開始面臨一連串的恐慌。然而，作為社會知識菁英的學者卻是愛莫能助，此一時期的矢內原忠雄腦海裡不禁閃出一個「學問無力論」的念頭。[13]社會大眾對民主政體有所期待，而面對獨佔資本主義時代，若要有效改善中產階級與農民等社會底層的生活，促使貧富差距現象與社會資源分配，走向合理化，軍需縮減便勢在必行，法政大學教授的美濃部達吉（1873-1948）與吉野作造（1878-1933）等人皆主張必須限縮軍部，以及樞密院與貴族院的權限。[14]另一方面，軍部的尚武派革新勢力受到北一輝（1883-1937）

《國家一新論》思考的影響，卻陸續引發「五・一五事件」與「二・二六事件」。[15]從一九二七（昭和二年）至一九三七年（昭和十二年）的十年期間，對矢內原忠雄而言可謂是波瀾萬丈的年代。他自詡「應可謂是不平凡的一生」（人間の一生というものは決して平凡じゃない）！[16]

作為一介知識分子，矢內原忠雄認為信仰與學理應合而為一，光有虔誠的信仰，顯得冬烘且幼稚；但光有學理，又顯得膚淺而不成熟。因此，造就矢內原背後的動力莫過於信仰與科學的結合（私にも信仰と科学がより合わされて、私の力になっておる）。他的信仰源流是出自內村鑑三與新渡戶稻造；而他的學問原點則來自於新渡戶稻造與吉野作造。[17]透過學理的分析研究，矢內原忠雄清楚了解「弱肉強食」，既不符知識正義的理論，亦無法帶給人類社會昌隆福祉。換言之，矢內原忠雄「殖民地論」的原點與基督教信仰的核心相互連結，更是其「和平論」思考的基礎。[18]

於是，矢內原忠雄以一介和平主義者之姿，從反對弱肉強食的理論開始，進而走向「否定暴力」之路。一九三七年（昭和十二年），受到雜誌《中央公論》九月號的寄稿邀約，矢內原忠雄完成了一篇小文〈國家之理想〉（国家の理想），八月中雜誌一上架便遭禁賣，此與甫發生後不久的盧溝橋事件之氛圍與局勢，不無關連。矢內原

忠雄主張「國家的理想在於正義與和平，而不應以戰爭模式欺虐弱者」（国家の理想は正義と平和にあるということ、戦争という方法によって弱者をしいたげることではないということです），而「無法與理想同步跟進的國家是難以繁興，即使一時之間有繁興之相，最終仍遭滅絕」（理想にしたがって歩まないと国は栄えない、一時栄えるように見えても滅びるものだという議論が問題となった），此一論調則成為其日後的原罪，矢內原個人認為，問題在於當局認為矢內原忠雄的國家理想與即將發動的戰爭相互背離而深感戒懼（特に戦争は国家の理想に反するというところでしょう），即使矢內原本人認為當時寫那篇文章時，為避免觸動當局敏感的政治神經，小心翼翼，且該文之宗旨充其量亦只是一個「理想論」罷了（理想論として書いておる）！[19]

一九三六年（昭和十一年）六月，針對「民族」與「和平」等相關議題，矢內原忠雄將一九二〇年代中期以後的十年間其之於「非常時期」社會、政治現象的論點與思考等相關論作，匯集成《民族與和平》（民族と平和），並由岩波書店印刷刊行，卻慘遭當局出版發禁。[20]同年八月，矢內原忠雄在鳥取縣大山的一場聖經講習會中強調，在非常時期體制下，日本國不斷朝往戰爭的方向前進，但無論世事如何演變，我們仍需嚴守和平的真理。[21]結果這份演講紀錄被當局查獲，出席演習會的成員全遭傳喚，甚至拘留。換言之，在中日戰爭爆發之前，矢內原忠雄以及無教會派人士，早已是當局嚴密關注的對象。當局的著眼點在於，政府把「無教會派」人士與「無政府主義」者等同視之。[22]

矢內原忠雄從此被冠上反戰思想的大帽，其後更演變成大學教授適任與否的爭議。從經濟學部的教授會開始，文部省教學局、內務省警保局、警視廳、檢事局、憲兵隊、參眾議院議員，以及民間思想家等，矢內原忠雄受到嚴峻的謾罵與批判。一如前述，一九三六年（昭和十一年）矢內原忠雄的大作《民族與和平》被〈國家之理想〉連帶波及，亦遭致出版禁令。然而，引發一九三七年「矢內原忠雄事件」的關鍵，則是一場二十分鐘的小演講，講題是「神之國」（神の国）。

一九三七年（昭和十二年）十月一日，在東京日比谷市政講堂有一場為已故傳道人藤井武（1888-1930）所舉辦的紀念講演會，矢內原忠雄以《藤井武全集》刊行會編輯之姿，上臺演講，其講題內容「神之國」乃是延續藤井武生前的一篇小文〈亡びよ〉（詳見附錄二），該文批判當前日本社會的腐敗，並預言這樣下去遲早會滅亡！而矢內原則繼續加碼強調，勿寧把失去理想的日本先行埋葬（日本の理想を生かすた

めに、一先ずこの国を葬ってください），[23]否則這樣的國家不置於死而後生是難以得救的（新たに出直してこなければ日本の国は救われない）。[24]這個演講內容被刊載於教會的《通信》雜誌上，雖說是非賣品，但一次的發行部數亦有上千部之多，正值中日戰爭一觸即發之際，矢內原忠雄的那一席言論給他的職涯生活帶來相當的衝擊，不僅因而失業，更陷入了八年的無職生涯。[25]

而內村鑑三的「無教會」派被當局以「無政府」主義等同視之的期間，除了矢內原忠雄之外，同為無教會派的《求道》發行人藤澤武義（1904-1986）、《純福音》的發行人淺見仙作（1868-1952）等皆被以政治性秘密結社為由，遭當局嚴密監控，甚至被起訴，直到太平洋戰爭結束之後才獲判無罪，內村鑑三及其創立的「無教會」派非戰論述乃純粹發自於信仰上的言論，而得以平反。[26]而矢內原忠雄為不波及其他教友、同僚，翌年（一九三七年）十一月三十日在未經由教授會議通過的情況下，乃逕向東大校長提出辭呈。長与又郎校長（1878-1941）受理辭呈，矢內原則於同十二月二日依願免官，直到終戰之後才重新應聘回東大任教。[27]在那個社會氛圍異常、價值觀相對扭曲的年代，致力嚴守大學自治的校長，對矢內原所引發的「矢內原忠雄事件」，顯然也是無力回天。

失業之後的矢內原忠雄把一直以來致力出版的個人誌《通信》一舉擴大，改版為基督教主義的月刊誌《嘉信》，終戰那年（一九四五年）的一至八月則因紙張匱乏，而一度把第三種郵便物的《嘉信》改版為《嘉信會報》，直到戰爭結束後再恢復《嘉信》的形式出刊；[28]另一方面則集聚有志者，在自宅舉辦「土曜學校」讀書會，輪讀聖奧古斯丁（Saint Augustine of Hippo，354-430）的《懺悔錄》（*Confessions*）、《神之國》、《三位一體論》（*On the Trinity*）等，但丁（Dante Alighieri，1265-1321）的《神曲》（*The Divine Comedy*），米爾頓（John Milton，1608-0674）《失樂園》（*Paradise Lost*）與《復樂園》（*Paradise Regained*），亞當・史密斯（Adam Smith，1723-1790）的《國富論》（*The Wealth of Nations*）等古典書物；[29]此外，針對當局希冀學者能協助建構「大東亞共榮圈論」，矢內原忠雄反而與幾位同好針對「大東亞共榮圈」，開始嘗試批判性研究；[30]而一直以來力挺矢內原忠雄的岩波書店老闆岩波志雄，則於此一期間委託矢內原翻譯司督閣（Dugald Christie，1855-1936）的《奉天三十年》（*Thirty Years in Moukden,1883-1913*）上下冊，以及包括林肯、舊約時代被尊為「流淚的先知」耶利米（Jeremiah）在內的《余の尊敬する人物》叢書等。[31]

矢內原忠雄自詡當時非常想撰寫耶利米的事蹟，因他認為當時自己向社會提出忠告所導致的下場，正與耶利米的處境雷同。耶利米的痛苦在於他明知猶太人背離上帝，未來將面臨的困境，但卻無法轉圜他們的頑梗。一九三七年（昭和十二年）十月一日，當矢內原忠雄在日比谷公園市政講堂嚴肅面對三百五十名會眾，針對中日戰爭而以「神之國」為題，清楚講出「汝等應火速停止戰事」（汝等は速に戦を止めよ）！[32]其背後顯見「預言者」矢內原的自我定位。[33]據聞終戰前夕的駐蘇聯大使佐藤尚武（1882-1971）被調遣返國之際，火車行經西伯利亞鐵路途中，閱讀矢內原忠雄《余の尊敬する人物》，看到耶利米事蹟而倍感動容，並於事後向岩波書店老闆岩波志雄提出心得分享，他認為日本社會亟需一位像耶利米的人出現。[34]

神之國：內村鑑三之於國家思考的傳承

一如前述，引發「矢內原事件」的關鍵是一場以「神之國」為題的演講內容。矢內原忠雄的講演宗旨，以一言蔽之，即國家的存立是建構於基督教「絕對神」的信仰基礎上。很顯然地，這個思惟即前述內村鑑三「嫁接」理論之延續。而所謂「神之國」的內涵，即坊間隨處可見諸的標語「天國」，受到耶和華全能的神所支配的國度、力行神的旨意之國度。因此矢內原的演講訴求，簡言之，不是僅止於「天國近了」；倘若日本國民能夠悔改，勢必能闡述出比西洋人的認知更深遠的內涵，而這將是日本社會之於基督教的使命。[35]

而有別於內村鑑三「基督教國家主義」最終的「基督再臨運動」，同樣是「基督教國家主義」的矢內原忠雄，則增加了「預言」意識的內涵，在赤江達也氏則以「預言者的國家主義」稱之。根據赤江氏的研究指稱，矢內原忠雄的理論可分為兩個面向，一是「神之國」與日本；另一則是個人與國家。[36]換言之，首先是站在日本的國家主義立場上談基督教普遍主義下的「神之國」；[37]其次就是在「神之國」降臨前，個人的靈魂必須先行悔改，透過國民的心靈悔改，才有可能有效改變國族的命運，達到「神之國」的至高境界。[38]矢內原忠雄的期待是，日本國民之於國家主義的情感與基督教精神，經由無教會主義思惟的洗禮，逐步單純化之後，在所謂預言者「天皇」的媒介下，相互連結。[39]然而，即使矢內原忠雄似乎忽略了當時日本國內基督教信眾的人口比例，但從赤江達也氏的觀察中顯見，矢內原似乎是把無教會基督教精神的推手，寄望於新中產階級、知識分子與青年學生身上。[40]而「矢內原版」的無教會主義思想，最後竟間接落實於臺灣社會。

預言者國家主義vs.國體論國家主義

把天皇「神格化」為現人神的近代日本，以及以耶和華為絕對神的基督教精神之間，倘若要共存共榮，顯然會有窒礙難行之處。而矢內原事件的引爆，儼然就是「預言者國家主義」與「國體論國家主義」之間，意識形態的消長關係。一九三七年十二月二日，引發筆禍事件之後的矢內原忠雄，出席戰前最後一次在東京帝大的授課，課程名稱是「植民政策」。矢內原教授花了近一個小時講述金融資本殖民的定位後，話鋒一轉，突如其來地以關西方言論述其之於大學教育的本質與使命，以及「國家思想的涵養」之核心理念，其重點如下。

大学令第一条には大学の使命を規定して、学術の蘊奥並びにその応用を研究し且つ教授すること、人格を陶冶すること、国家思想を涵養すること、の三を挙げている。その中最も直接に大学の本質たるものは学問である。（略）しかしながら学問

本来の使命は実行家の実行に対する批判であり、常に現実政策に追随してチンドン屋を勤めることではない。（略）いやしくも学問の権威、真理の権威がある限りは、実用と学問的の真実さは厳重に区別されなければならない。ここに大学なるものの本質があり、大学教授の任務があると確信する。（略）浅薄な俗流的な国家思想を排除して、学問的な国家思想を養成することにある。時流によって動揺する如きものでなく、真に学問の基礎の上に国家思想をよりねりかためて、把握しなければならない。（略）考えや思想が一色であることは、かえって大学に取って致命的である。（略）現象の表面、言葉の表面を越えたところの学問的真実さ、人格的真実さ、かかる真実さを有つ学生を養成することのが大学の使命である。[41]

上述矢內原教授所談論的重點在於根據大學令第一條規定，大學的使命乃是研究並授以學問的底蘊與運用、學生人格的陶冶，以及國家思想的涵養等三項。其中，學問則是大學的本質所在。如今大學教授針對學問執行其所賦予的使命，因無法一如喧嘩好事者追隨現實政策，而隨時轉換，竟遭致批判。然而，只要學問的權威、真理的權威還在，學問的本質與應用就必須有所嚴正區隔，矢內原教授相信這不僅是大學存在的本質，更是大學教授的職責。而必須排除淺薄俗流的國家思想，培養學理性的國家思想，才能在學問的基礎上凝聚出一套國家思想，才不會受制於時流所動搖。（略）舉凡思考或言動走向一言堂，對大學而言乃是致命的衝擊，而大學的使命即培養能穿透現實與言語的表象，找出學理、人格與一切原型的學生。

矢內原忠雄在其教職生涯可能是最後一堂的授課中，試闡述追求學術真理乃大學教育的本質，更是大學教授的職責，而大學的教育使命之一「國家思想的涵養」，則須建立在學問的基礎上。大學教育最終目標是培養追求真理的學生，倘若師生的思考、發想被制式化，對大學而言恐將是一項致命性傷害。這堂課的授課內容，不禁令人質疑矢內原教授的辭職，或許可稱之為第二「京大事件」。[42]所謂京大事件或稱為「滝川事件」，即一九三三年當時的文部大臣鳩山一郎（1883-1959）質疑京都帝大法學部教授滝川幸辰之著書《刑法讀本》及其言論有赤化思想的色彩，而意圖解聘該教授，結果引發京大師生的嚴重抗議，最後在當局強力鎮壓下，才讓事件平息落幕。[43]

內村鑑三「無教會」精神的臺灣印記

一八九五年（明治二十八年）十月三日，名古屋教會牧師細川瀏（1857-1910）在臺灣征討戰役最為緊要的時候，以軍隊慰問使身分與其他兩名牧師一起前往臺灣。直到同年（一八九五年）十二月十九日為止，細川滯留臺灣期間，曾與臺灣社會的英國蘇格蘭長老教會宣教師頻繁交流。一九二七年（昭和二年）細川瀏以《明治二十八年渡臺日記》為題，針對日本領有臺灣過程之初體驗撰寫成冊；另有《小鱗回顧録》附錄於後，[1]並公表於世。從基隆到旗津，乃至澎湖的馬公，細川瀏走過的足跡遍及西臺灣平野地區的原住民部落。何以如此？主要是當時臺灣社會的基督徒多為平埔族原住民之故。在《小鱗回顧録》中，細川瀏的理解如下。

是より先き彼の支那部落の人民は基督者たる熟蕃部落を目して「耶穌教徒は日本軍の手引をする者なり」としてを讒誣して迫害加へ、今は又生蕃人に加担して暴動したりとの讒言を構へて之を陥れんと試みたり。実に不信者が故なくして、主イエスを憎み奉ること、昔も今も此処も彼処も、絶へて異なることなきは実に不可思議の至りならや。[2]（過去漢人視篤信基督教的平埔族為日本軍爪牙而加以汙衊迫害，如今又向日方讒言平埔族誘引生番起來暴動。真正的問題在於漢人多非基督徒，更厭惡信

教者，這種現象無論走在哪裡今昔皆同，真是難以想像。）

根據《明治二十八年渡臺日記》之所載，一八九五年當時西臺灣地區共有禮拜堂十六所。包括為期較早的東港街禮拜堂（1867-99）以及木柵教會（位於高雄內門，1868-），一八七〇年代的岸裡大社禮拜堂（1871-）、埔里烏牛欄禮拜堂（今愛蘭教會，1871-）、大稻埕禮拜堂（1875-）、艋舺禮拜堂（1876-）、嘉義東門禮拜堂（1877-）、巴克禮的禮拜堂（今台南神學院，1877-）、中港禮拜堂（位於後壠，1878-）、竹塹禮拜堂（1878-），時期相對較晚的嘉義牛挑灣禮拜堂（1885-）、臺南新樓中學校講堂（1885-）、馬公城外禮拜堂（1886-）、彰化禮拜堂（1886-）等。雖然當時多數民眾都是文盲，但即使欠缺正規教育機會的基督徒，透過羅馬字的學習仍可自由閱讀臺語白話字聖經。[3]

換言之，即使清領時期以國家的力量辦教育並不見於臺灣社會，但因著基督教信仰的洗禮，部分臺灣民眾，特別是平埔族教徒卻透過西字，而有能力與海外人士交流。細川瀏滯臺講道期間，為了讓在臺日本兵能從上帝的大愛中獲得心靈慰藉，同時亦顧及臺灣信眾需求，在臺灣西岸各地的禮拜堂陸續舉行日語、英語與臺語交叉混搭

的禮拜。信仰無國界，顯見一般。其後，臺灣社會進入日本殖民統治時代，臺灣社會的基督徒又如何對有武家背景的開化之子基督徒（サムライ・クリスト者），以及抱持人本關懷的基督教國家主義者（キリスト・ナショナリズム）受容，著實令人興味盎然。

而內村鑑三所創始的「無教會」派，進入臺灣社會之後，正式的稱呼莫衷一是，或稱之為「純福音」（full gospel church）、抑或以「獨立教會」（independent church）稱之；[4] 而依其活動形式之非正式說法，則稱之為「茶餅會」、或是「家庭會」（home church）。一九三二年（昭和七年）所成立的「臺灣文藝聯盟」成員之一的謝萬安，在年約十九歲時才有機會接觸基督教，然而對基督教義與其過去的既有信念，總有格格不入之處。即使如此，一九二〇年（大正九年）謝萬安在一個機緣下，開始閱讀內村鑑三主宰的《聖書之研究》，他在「無教會」派信仰中終於找到自己與臺灣社會的定位，三十六歲那年接受洗禮而成為「平信徒」。[5] 謝萬安與內村鑑三之間透過書信往返，以及投書媒體《臺灣日日新報》，而廣招散落於臺灣各地的《聖書之研究》讀者，也因而結識了致力於臺灣山地傳教的井上伊之助（1882-1966）。一九二〇年六至八月期間，謝萬安專程邀請井上來到南臺灣的嘉義，深入探討內村鑑三的「無教會」

信念；此外，他也與其他同好者舉辦誌友會、或是辦理聖經輪讀以及演講會等。在謝萬安的認知中，此亦可能是「無教會」在臺灣宣揚的第一聲；而「無教會」的臺灣發跡，從南臺灣崛起的可能性相對較高。

「無教會」之於臺灣的發展脈絡，有兩位受矚目的關鍵人物，其一是井上伊之助；而另一位則是矢內原忠雄。這兩位臺灣經驗者在「無教會」派進入臺灣社會的歷程中，扮演承先啟後的角色。以下擬以兩位關鍵人物為中心，並旁及其他對「無教會」之於臺灣社會有正面影響的另一位關鍵人物植村正久（1858-1925），進行論述。

《聖書之研究》：「無教會」主義落腳臺灣的平臺

一九〇七年，井上伊之助畢業於聖書學院，並加入美國喜樂信仰宣教團（Hephzibah Faith Mission），一次在日本千葉縣佐倉市傳道時，出席了內村鑑三的演講會。此後，在信仰領域上，井上伊之助不乏受到內村鑑三的指導。換言之，井上之於基督教義的思考，亦受到「無教會主義」的深遠影響。

眾所周知，一邊研讀內村鑑三的作品，一邊求道的井上伊之助，日治期間獻身於臺灣山地教育，而被尊之為「臺灣高砂族之父」，試想井上伊之助之於「無教會」的思考勢必也會影響臺灣社會。一九一一年，井上伊之助在一個因緣際會下來到殖民地臺灣宣教，最初是在今新竹尖石鄉嘉樂村的原住民部落嘉樂社（カラバイ社）進行醫療宣教，其後直到戰後的一九四七年為止，井上伊之助以臺灣山地原住民部落為中心，共分四次向原住民宣傳基督教義。

一九二二年（大正十一年）五月，井上伊之助為支援基督教社會運動者，即被譽為「貧民區聖者」的賀川豊彦（1888-1960），乃二度來到臺灣。同年十月，內村鑑三旗下的「世界傳道協贊會」開始對井上伊之助的臺灣宣教進行支援。[6]在內村的理解與認知中，井上伊之助可能是當時把解救臺灣原住民的靈魂，當作畢生志業唯一的日本人牧者。[7]事實上，在井上伊之助的庇蔭下，一九五二年當時除了阿里山的達邦社（タツバン社）之外，東臺灣的花蓮泰雅族基督教信徒亦佔了七成。[8]

《臺灣山地傳道記》所附〈臺灣關係來信〉中，嘉樂社的莊聲茂牧師、臺北的許鴻謨牧師（1906-1978）[9]、林正李、林正雄、羅東三星鄉的徐煥章、臺北縣南港鎮的徐謙信牧師（1917-2010）、[10]新竹的鄭連坤牧師（1921-1988）、[11]花蓮的葉保進牧師（泰雅族・舊名イヤンタイン）等，[12]都是井上伊之助的臺灣友人，直至戰後仍與井上有書信往返。[13]其他還有角板山泰雅族的陳忠輝牧師（1927-2004）、[14]東臺灣卑南鄉南王部落原住民廣田誠一[15]，以及前述嘉義民雄的平信徒謝萬安等人，直至戰後與井上之間的情誼依舊不變。[16]

莊聲茂乃新竹長老教會牧師，歷經三十七年平地教會的傳道服事之後，便跟隨井上伊之助開始拓展山地傳道。[17]而臺北的許鴻謨牧師則是研讀內村鑑三的《聖書之研究》，而對「無教會主義」的思考抱持同感，並開始與井上書信往返，也獲取日本無教會主義相關書物之寄贈。[18] 顯見在日本殖民統治的契機下，臺灣社會接受英國蘇格蘭長老教會的基督信眾，在耳濡目染下曾幾何時亦對近代日本的「無教會主義」展開受容。

日本精神的臺灣實踐：植村正久與蔡培火

從大正後期直至昭和前期，日本社會發生金融恐慌，更導致社會的不安，其關鍵在於因經濟不況所引發思想與政治變革之所致。依矢內原忠雄的理解認為，若想有效掌握帝國主義論的核心，唯殖民政策研究而已。為落實殖民地的實證研究，一九二七年（昭和二年）矢內原忠雄曾特意避開臺灣總督府與拓務省等官署，在臺灣友人協助導引下，視察臺灣社會的政經情勢。並將現地調查的研究成果彙整成冊，即眾所周知之《日本帝國主義下之臺灣》一書。[19]

而這裡所謂的臺灣友人，指的是臺灣議會設置請願運動指導者之一的蔡培火（1889-1983），蔡培火師事日本新教界的指導者植村正久（1889-1983），以致蔡培火在日本的宗教界、學界、政界等，人脈關係廣闊；[20]相對地，日本宗教界或是學界、政界則透過蔡培火或林呈祿（1886-1968）等在東京的臺灣留學生，開始接觸臺灣議會設置請願運動之相關議題。[21]

一九二一年，透過在日本所建立的人脈網絡，包括林獻堂（1881-1956）、蔡惠如（1881-1929）在內，蔡培火與林呈祿等人與日本政界、教會與新聞界等共二十四人，曾發起成立「玉山俱樂部」，此亦可謂是促使日本輿論界同情臺灣議題的一個組織。[22]此外，又在植村正久與田川大吉郎（1869-1947）的引薦下，蔡培火識得學界泰斗，東京大學教授吉野作造、明治大學教授泉哲（1873-1943）、早稻田大學教授內崎作三郎（1877-1947），以及東京商科大學教授福田德三（1874-1930）等人，他們皆是抱持「民本主義」的思想家。[23]一些來自臺灣的留日學生有機會與當時日本的民本主義學者近距離接觸，在耳濡目染中受到不少的刺激與啟發。而在當時的臺灣留學生誌《臺灣青年》與《臺灣》等，亦可見到吉野作造等人的寄稿作品，[24]顯見民本主義學者對臺灣議會設置請願運動感到關心，而當時留日的臺裔青年亦親身體驗日本社會民本主義的真締。

根據臺灣大學歷史學系陳翠蓮教授的研究指出，在民本主義學者群中，對臺灣議題最是關心者莫過於明治大學教授泉哲，他的文章經常發表於《臺灣青年》與《臺灣》。而明治大學與早稻田大學的臺灣留日學生，對於殖民政策學研究，更是關心，亦小有前述留學生誌的產出。[25]

不容置疑地，這一切機緣有不少是來自於植村正久與蔡培火之間的情誼。同為開化之子的植村正久，他的家世背景與新渡戶稻造、內村鑑三等人雷同，亦是中階武士之子。明治開國之後，國家教育百廢待興，這些開化之子在教會學校體制下，接受全英語教育，同時受到西方宣教士的耳濡目染，不僅接受了洗禮，更以擔任神職作為畢生志業。他們共通的特徵有二，莫過於多為「舊朝遺臣」之後；而他們所受的近代教育更可謂是改革精神與進步思想的表徵。而內村鑑三的「不敬事件」則成為他們與明治政府保持距離的主要關鍵；同時，前述一八九四年（明治二十七年）日清甲午戰爭爆發之際，植村正久亦與其他開化之子抱持相同想法，即以這場戰爭是為了引導後進國家的「改革」與「進步」而戰，而殖民地臺灣的領有則是被統治者可藉以往上提升的表徵；至於，如何讓日本帝國臣民不分內外有效統合，對宣教士植村而言，「神之國」概念應該是可資應用的便宜之計。[26]

在植村正久的認知中，「國民」乃人類社會的歷史單位，而近代國家存在的目的是政治秩序的整頓，以及民眾自由的保障。[27]在「四海同胞主義（Universal Brotherhood）」概念下，因《馬關條約》之故，一八九五年之後具外邦人身分的臺裔民眾應如何被納入日本帝國體制下，「平等原則」的概念於焉成立。畢竟在「神之國」

前提下，一如《聖經》〈羅馬人書〉第十一章第二十節之所言，人是「因為信，所以立得住」，神的祝福不會特意而有猶太人與外邦人之別。

回顧一八七九年（明治十二年）十月，植村正久時年二十一歲，取得日本基督一致教會牧師資格，自此開啟了他的牧會生涯。一八九〇年，日本基督一致教會改稱為「日本基督教會」。因甲午戰後簽署《馬關條約》，一八九五年臺灣被納入日本版圖，一九〇二至一九二〇年的十八年期間，植村正久曾遠赴臺灣九趟，進行傳道之旅。而植村的三女植村環（1890-1982），於一九三七至一九三八年總督府嚴格彈壓基督教學校期間，則擔任臺南長老教女學校（今臺南長榮中學）校長。

即使植村正久基本上是嚴正反對內村鑑三的「無教會主義」，[28]但一八九六年植村正久所屬的日本基督教會赴臺宣教，他與同時期的內村鑑三、海老名彈正（1856-1937）等思考的共通之處，即在承認臺裔民眾為外邦人的前提下，鼓吹以一視同仁精神，在臺灣土地上致力發揚自由、平等主義。而植村的這項立場，亦是日本基督教會的基本宣教方針。[29]一九〇二年三月，植村正久首次踏上臺灣宣教時，發表一篇講演「人生觀と生活」，該文除了刊載於《臺灣日日新報》之外，亦發表於《福音新報》。植村從基督教與日本的文明開化切入，主張以基督教來教化與同化臺裔民眾，因為不同族群的傳統信仰是難以相融，更會阻礙日本帝國旗下國民的統合。[30]

在包容與同化前提下，無論是對在臺日本人、抑或是臺裔民眾，傳道人植村正久本著〈以賽亞書〉第四十二章第三節之所言，「壓傷的蘆葦，他不折斷；將殘的燈火，他不吹滅。他憑真實將公理傳開」，戮力善盡自己作為一介宣教師的職責。[31]初起之際，植村正久赴臺的傳道對象以「在臺日本人」為中心，宣教的重點放在基督教真理與愛國奉公的思想傳遞，以及對不同族群「一視同仁」立場的確立，一如〈使徒行傳〉第二十八章第二十八節之所言，「神的救恩，如今傳給外邦人，他們也必聽受」；而一九一〇年代以後，植村與臺裔人士的接觸日益增加，作為一介「社會之木鐸」，亦試著站在被殖民者立場，要求公民待遇的改善。[32]

換言之，植村正久即使不等同於「無教會派國家主義者」，但仍屬「基督徒國家主義者」類型。[33]在「神之國」前提下，包容不同族群的獨特性與多元性，進而引導他們往上提升，[34]此亦是其後植村正久對於一九二〇年代臺灣人議會設置請願運動態度支持的因素之一。但不容置疑地，其前提必然是站在日本帝國的框架內。[35]而植村的臺灣思考，則可從前述《福音新報》、《臺灣日日新報》，以及〈臺灣旅行日記〉等看出端倪。

現實上植村正久在臺灣的傳道之旅，無庸置疑地，應不乏受到前揭細川瀏的影響。透過基督教信仰的平臺，日本基督教會與在臺灣南北長老教會之間的情誼，結構出互助與雙贏局面。[36]而植村在臺宣教作業，多半是出席教會的成立式或教友的獻堂式，另外則是相關的宣教講道。臺灣北部長老教會的開創者馬偕過世時，植村在《福音新報》上發表一篇〈馬偕氏〉，一方面讚許馬偕的功績，另一方面則自詡這是日本基督教會在臺強化宣教的契機。[37]

回顧日治時期針對臺裔民眾的福音傳播，日本基督教團體在臺宣教事業，除了植村正久所屬的日本基督教會之外，另有日本組合教會，一位代表性人物即海老名彈正，以及福音派的日本ホーリネス（Holiness）教會與救世軍（The Salvation Army）等。其中，日本基督教會與日本組合教會的宣教對象，皆以臺灣人社會菁英為中心，前者的信眾多為總督府醫學校生為主體，宣教據點曾以太平町教會為中心（原大龍峒禮拜堂）；[38]而日本組合教會的臺裔信眾多為知識菁英，並以臺北第二組合教會作為禮拜中心（今臺北公理堂）。[39]

而植村正久則是日本基督教會在臺宣教的重要關鍵人物，日治時期被派遣赴臺宣教之日籍牧者多為植村的弟子。一九一六年（大正五年）八月日本基督教會獨立建堂時，植村正久亦應邀來臺出席啟用典禮，即其後的「臺北幸町教會」（今臺北濟南教會）。[40]值得注意的是，就在前一年的一九一五年，植村正久在東京與臺灣青年蔡培火締結情誼，除了促使蔡培火因而信仰基督，亦影響植村注意到臺灣議會設置請願運動，並隨時給予奧援，包括演講會場的借用、政治人脈的引薦，以及相關律師的協助等。[41]

出生於一八八九年的雲林子弟蔡培火為北港人，一八九八年進入總督府體制下的公學校就讀，亦可謂是臺灣版的開化之子。一九〇六年蔡培火進入當時的高等學府「總督府國語學校師範部」進學，畢業後則在阿公店公學校擔任訓導。一九一五年，蔡培火因參與「同化會」而遭公職追放，[42]其後在林獻堂（1881-1956）的資助下乃得以前往日本，[43]進入東京高等師範學校深造。[44]

植村正久（五十九歲）與蔡培火（二十七歲）相識之際，二人之間年紀相差兩輪，可謂是忘年之交。蔡培火的信仰基督，亦可說是植村的宣教得法。雖從兩人相識乃至蔡培火的入信，著實也花了五年歲月，然而到底植村正久是如何有效打動蔡培火在信仰上決志呢？根據蔡培火自己的說法，植村從其對臺灣總督府之於殖民地經營的不得要領著手，乃得以與主張臺灣議會設置請願運動的蔡培火一起同仇敵愾。植村正久告訴蔡培火，以個人力量欲力抗政府是困難的，有時仍需仰賴天助，一如《聖經》〈撒迦利亞書〉第四章第六節所謂的「萬軍之耶和華說，不是倚靠勢力，不是倚靠才能，乃是倚靠我的靈方能成事！」並進一步勸誘蔡培火接受基督信仰，解救臺灣同胞。[45]植村正久並直接預言，倘若日本社會依然以「現人神」來尊崇天皇的話，日本帝國遲早會被滅絕。而這番大膽言論著實打動了蔡培火的心，亦因而決志接受基督信仰。[46]

在年輕研究者坂井洋氏的認知中，雖然影響蔡培火有效入信，讓植村正久油生一股成就感，亦因而召集教會成員為此舉辦感恩會，[47]但植村對臺灣議會設置請願運動的支持，卻是本於他個人對日本之於臺灣殖民統治策的不滿。[48]然而，《聖經》〈羅馬人書〉第九章第三節，當使徒保羅憂愁以色列人不信主時，他說「我是大有憂愁，心裡時常傷痛。為我弟兄，我骨肉之親，就是自己被咒詛，與基督分離，我也願意」。換言之，植村正久從心底深處真的關心蔡培火，而蔡培火的信靠基督，讓植村免除被咒詛之苦，歡喜之餘不禁帶領信眾對主表達其深切感恩之念。

然而，一個值得注意之處是，即使植村正久與蔡培火對於臺灣議會設置，顯然有志一同，但卻是陷入一樣看花兩樣情的迷思中。即，植村正久視蔡培火為日本帝國臣民之一員，但蔡培火可能仍以一介臺灣人自居。換言之，因蔡培火的入信，兩人雖同為神之國的兄弟姊妹，但不一定就等同於日本帝國體制下的同胞骨肉。即使如此，鐵骨性格的蔡培火還是因植村正久之於國家、之於信仰的純真至誠所感召。[49]

植村正久為協助蔡培火追求臺灣議會設置的理念，乃引介資深日本眾議院議員田川大吉郎（1869-1947）與貴族院議員江原素六（1842-1922）給蔡培火認識。田川與江原二人皆是虔誠基督徒，亦是植村主持的富士見町教會長老。蔡培火透過植村正久的關係，也經常出入富士見町教會。而透過田川大吉郎的人脈，年青的蔡培火又識得眾議院議員清瀨一郎（1884-1967）、尾崎行雄（1858-1954）、島田三郎（1852-1923）、安部磯雄（1865-1949），以及貴族院議員阪谷芳郎（1863-1941）、山脇玄（1849-1925）與渡邊暢（1858-1939）等。這幾位國會議員在議事殿堂相當活躍，他們關心臺灣議會設置請願運動，不僅適時提供協助，亦寄稿於臺灣留學生誌《臺灣青年》、《臺灣》等。[50]

早在一八九六年（明治二十九年）田川曾因擔任《臺灣新報》主筆而滯臺一年，相較於同時期的其他議員而言，還算是臺灣經驗者。為了替臺灣民眾抱持「不平」，支持臺灣議會設置請願運動，一九二五年曾赴臺參訪，並把當時的視察印象書寫成冊《台湾訪問の記》。[51]「臺灣議會設置請願運動」可謂是日治時期臺灣人社群試圖在日本帝國的殖民體制下，為族群權益尋求活路的一項思考，但亦促使統治階層在「內地延長」或「特殊統治」的策略運用上，左搖右擺。除了田川大吉郎《台湾訪問の記》之外，類似的案例，從一九二六年安藤盛〈發賣禁止の『台湾訪問の記』〉、抑或是一九二九年矢內原忠雄《日本帝國主義下之臺灣》、一九三二年佐藤春夫〈殖民地の旅〉等相關研究，皆可看出端倪。[52]

一九二四年，蔡培火透過植村正久而認識同為基督徒的矢內原忠雄，在一次造訪矢內原之後，兩人締結情誼關係。[53]接著，又在蔡培火的介紹下，矢內原忠雄結識了臺灣民族運動指導者林獻堂，及其秘書葉榮鐘（1900-1978）[54]。矢內原對於當時臺灣社會菁英階層所主張的民族自決運動，與議會設置請願運動等，有所同感並站在支持的立場。而之所以如此，在於臺灣人菁英階層的這些主張與當時日本社會的自由主義論有共通之處。[55]因此，矢內原忠雄的殖民思考乃與臺灣社會的民族解放運動連結在一起。矢內原的大作《日本帝國主義下之臺灣》出版後不久，臺灣總督府便嚴禁該書流入臺灣，即成為臺灣社會的禁書。[56]

一九二七年四月，矢內原忠雄應邀接受臺灣文化協會的招聘，前往臺灣各地演講。由於該會與臺灣民族運動關係匪淺，因此在演講過程中，不僅受到總督府警務局的監視，亦受到在地民族運動急進派（左派）的破壞。[57]而當時人在臺灣的井上伊之助與矢內原忠雄並不相識。然而，矢內原忠雄乃內村鑑三的門生，更是承襲新渡戶稻造的新進學者，從同是仰慕內村鑑三的同志情緣上，井上伊之助在臺灣與矢內原忠雄初相見。比較遺憾的是，兩人的會話交談，也是在刑警的監視下進行。[58]

一九二九年（昭和四年）十月，矢內原忠雄的《日本帝國主義下之臺灣》出版刊行。翌月，矢內原忠雄在東京大田區大森的住家，開始運作一個僅四人聚會的家庭團契。出席成員除了矢內原夫婦之外，另兩名成員則是臺灣青年葉榮鐘與陳茂源（1903-1990）。林獻堂的秘書葉榮鐘當時正在位於東京的中央大學留學。同年八月，在一個機緣下在臺灣結識了矢內原忠雄，因此開始在矢內原的課堂上旁聽。其後不久，在葉榮鐘的介紹下，畢業於東京帝國大學法學部的檢事代理陳茂源亦加入矢內原的家庭禮拜。在「無教會」派的傳道與聖經研讀等活動契機下，矢內原忠雄結識了葉榮鐘與陳茂源，亦傳承了內村鑑三之於信仰運動的相關思惟。[59]自此之後，其他的臺灣青年亦陸續加入了矢內原忠雄的家庭聚會，例如陳茂源的胞弟，當時是東京帝國大學醫學生的陳茂堂；[60]以及同為東京帝大醫學生的郭維租（1922-）；[61]還有東京帝大經濟學部助理的張漢裕（1913-1998）[62]等，都是矢內原的家庭團契成員。[63]

而過去曾出入矢內原忠雄家庭聚會的早期成員陳茂源，[64]則成為北臺灣「無教會」派的核心人物。他後來與臺北板橋望族「林本源」商號的千金林芯（父親為林熊祥）締結連理。[65]為了落實「無教會」信仰，陳茂源乃與其他「無教會」同好協力合作，一九五三年把暫時停止運作的「林本源博愛醫院（1909-1929）」重啟營運，開始醫療宣教。直到一九七二年因都市計畫之故，「林本源博愛醫院」土地的大半被政府徵收為道路用地，而停止運作。

另一方面，南臺灣的「無教會」聚會之所以能夠成形，起因於雜誌《聖書之研究》的讀者同好會所致。從前述的謝萬安開始，其後的王受祿（1893-1977）、蔡榮華（1874-1862）、[66]黃履鰲，以及林添水（1907-1982）等四人為中心，以王受祿邸宅庭園內的一棟會堂，聚集約四十名同好者開啟臺灣社會「無教會」派的聚會，一起閱讀一九三四年創刊的《聖書の農村》（政池仁主筆）。事實上一九二九年以後，在臺南的長老教會牧師與信眾，更是毫不忌諱地閱讀「無教會」派之相關書物。原臺南長榮女學校[67]的教師林添水經常在閱讀「無教會」派如內村鑑三、藤井武等之大作後，不僅抄寫下來，還把它背誦起來，介紹給周邊親友。[68]

林添水出生於臺南，中學畢業之後，曾前往日本早稻田大學預科就讀，無奈因經濟因素而中退。返臺之後，他曾以木工為業謀求生計。一九四三年（昭和十八年），林添水與前救世軍成員，並曾在中國滿州有社會奉獻經驗的日本長野縣女性赤羽千代締結連理。林添水的信仰受到無教會主義宗師內村鑑三的影響很深，也很尊敬內村鑑三的門人矢內原忠雄。在林添水的認知中，矢內原忠雄可謂是「日本的良知」般的存在。[69]當林添水聽到矢內原忠雄強調「非戰」的那一席話時，心裡受到很大衝擊。依林添水的理解，對於國家的價值，學者（知識分子）的角色扮演相當重要，不能忝為社會的良知。[70]

矢內原忠雄過世時，林添水發表了一篇《感恩記》，日本聖經學者黒崎幸吉（1886-1970）評論該文乃矢內原追思文作品中，是最令人動容的一篇；而同樣標榜以內村鑑三的「無教會」精神為依歸的高橋聖經聚會主宰高橋三郎（1920-2010）[71]亦讚賞林添水乃是打開「臺灣教會歷史的第一頁」（台湾教会新たな歴史の第一ページ），而予以高度評價。[72]

臺北教育大學臺灣文化研究所教授何義麟的研究指出，林添水身旁有長老教會信徒亦是宣教士的王英忠（1928-2007），[73]還有陳茂源的弟子涂南山（1925-2015）[74]等，他們相互協力持續翻譯矢內原忠雄的神學相關著作。[75]一九八六年，透過「臺灣福音書刊編譯基金會」的成立，即使戰後也有七十年，矢內原忠雄及其精神並沒有被臺灣社會遺忘。[76]從一九六五年開始乃至二〇〇九年，矢內原忠雄的神學著作及其人生經驗等相關著作，凡十六冊，分別由王英忠、涂南山、郭維租、鄭廷憲（1922-2011）、賴勝烈等合力翻譯成中文。[77]

而原是大學教授的鄭廷憲創辦「無教會」相關之雙月刊《下樂姆》，直至今日依舊持續發刊。[78]其之所以取「下樂姆」一詞作為雜誌名，是因為「下樂姆」乃希伯來文「平和」（sharomu）之意。鄭廷憲也是長老教會信徒，但也因尊敬內村鑑三而成為「無教會」派信徒。換言之，臺灣社會的「無教會」派信徒與長老教會信徒成員是重疊的，可以相互包容。因此，無論是日本殖民統治以前便存在的「長老教會」，抑或是日本殖民統治之後才出現的「無教會」派，對臺灣社會而言，最後都轉型成臺灣社會的「本土教會」。

日本的良知：臺灣知識菁英眼中的矢內原忠雄

一如前述，一九三七年（昭和十二年）十月一日，已成為東京帝國大學教授的矢內原忠雄，在日比谷公園的市政講堂以「神之國」為題做了一場演講。就在矢內原發表演講的兩個月前之七月七日，中日戰爭變得白熱化。而矢內原忠雄透過講題「神之國」，試向社會大眾傳達的一個重要訊息，即「日本の国民に向かって言ふ言葉がある。汝等は速やかに戦を止めよう！」[79]即矢內原教授認為日本應該速速中止這場戰役！如此明確地向政府間接打出「非戰」訴求，在當時的言論環境下，顯然是一個相當例外且大膽的行徑。無論對官廳抑或是政界而言，都是很尷尬的存在。事件發展的結果，迫使矢內原忠雄不得不在同年十二月一日向大學高層提出辭呈。在戰爭期間的言論彈壓中，該事件最後則演變成有名的「矢內原事件」。[80]

天皇被政府官方的國家主義者拱為國體論中的「現人神」，並不斷地被包裝與強調，大約是在一九三〇年代以後的事。矢內原忠雄在「神之國」中所談的議題內容，以一言蔽之，即以基督教國家主義試圖對抗潛藏於戰前與戰中期，皇國思想下的神道教國家主義。[81]

過去，矢內原忠雄曾是內村鑑三旗下年輕人所結集的聚會「柏會」[82]之一員。根據矢內原在其著作《在內村鑑三身邊的日子》（內村鑑三とともに），矢內原忠雄認為自己是因為出席活動，而得以有機會與內村鑑三交流，但其後既不再與內村老師接近，自然算不上是老師的入門弟子。[83]內村鑑三有一千金ルツ子（路加子），與矢內原忠雄同年，十九歲那年染上結核病，一九一二年一月十二日離世。在斷氣前後，卻絲毫沒有顯現出痛苦狀，那種安然景象讓年輕的矢內原忠雄心裡受到很大衝擊。

然而，更令十九歲的矢內原感到震撼的是，內村鑑三對於愛女之死的泰然心態，[84]這也是矢內原忠雄後來會成為基督徒的重要契機，更是他人生初次強烈意識到人世間有一種完全「無法抵抗的權威」（抵抗する事のできない権威），[85]的確存在。[86]根據赤江達也氏的研究指出，矢內原忠雄在「神之國」所傳達的核心思想，即信仰上的個人化與深度性超越一切的「無教會主義」。[87]

矢內原忠雄的訴求強調，比神國日本的天皇之神聖性更具高次元存在的「絕對神」，有必要成為日本國的礎石。[88]從矢內原的觀點認為，天皇充其量只是民族精神的統合者，國家指導原理的象徵性存在。依矢內原忠雄的思考邏輯判斷，作為民族核心的天皇乃日本社會的獨特存在，而其適用的對象自然僅限於日本族裔而已。因此，矢內原對於日本的殖民統治走同化主義路線，基本上是採行批判立場。[89]

矢內原忠雄在生前與內村鑑三之間並無私交，但卻承繼了內村所謂的靈性與知性。矢內原個人畢生追求的是純粹的信仰，並經常透過「國家」，即以國家主義的情感，交融其間，以日本的社會救濟為目標。[90]換言之，矢內原忠雄具有以經世濟民為使命的菁英本色。矢內原經常在週末開放住家，進行傳道活動。透過靈性與知性，自主傳承先師的作法乃「無教會」派的傳統，[91]而這項特質在矢內原忠雄的日常言動中明顯可見。

矢內原忠雄基本上是接受「民本」（democracy）主義思考，然而民本思考卻容易陷入眾愚政治的迷思與盲點。為了避免眾愚現象發生，矢內原主倡應以「無教會」精神為依歸，一切的權力都出於神的意志，而非在於人。[92]一如前述，一九二九年（昭和四年）十二月，作為一名傳道人，矢內原忠雄最早的入門弟子乃臺灣青年葉榮鐘與陳茂源二人，並成為其後，內村鑑三所主倡的「無教會」派傳入臺灣社會的重要契機之一。而基督教國家主義其後對臺灣社會產生如何的影響，不禁令人感到興味盎然。

一九三七年夏天，矢內原忠雄以一篇〈國家之理想〉投稿雜誌《中央公論》，但其後不久即爆發盧溝橋事件，而遭當局的發禁。同年十月，為了協助舉辦「藤井武紀念講演會」，矢內原忠雄乃以「神之國」為題，在日比谷市政講堂上演講了二十分鐘。演講的內容則被登載於雜誌《通信》上面，而被當局視為問題之內容如下：

今日は、虛偽の世において、我々のかくも愛したる日本の国の理想、或いは理想を失ったる日本の葬りの席であります。私は怒ることも怒れません。泣くことも泣けません。どうぞ皆さん、もし私の申したことがおわかりになったならば、日本の理想を生かすために、一先まずこの国を葬ってください。

（面對這種虛偽的世間，我們身處於最愛日本的國家理想，抑或是因失去理想而必須把日本國送葬的抉擇點。我就算憤怒亦難以怒吼；就算想痛哭一場卻哭不出來。倘若各位理解我的訴求，為了日本的國家理想能夠存續，就請先把這個國家埋葬了再說。）[93]

上述內容一眼望去，應只是純粹信仰相關之言論，然而其問題點卻出於「国を葬って」（先把這個國家埋葬了再說）之一句。其後矢內原忠雄自省檢討，問題應出於無教會主義與無政府主義之間的聯想。過去內村鑑三的「無教會」強調，即使不是教會之會眾，亦可成為基督徒。而既是內村的門人，因此「国を葬って」一句則讓政府當局視矢內原忠雄近乎無政府主義者。[94]而無論世間如何變化，仍謹守和平真理的近代日本「無教會」派思考，亦帶給殖民地臺灣社會深遠影響。即使前述蔡培火以一介基督教信仰者，他是站在反對矢內原忠雄的「無教會」立場，但其之於矢內原的情誼依舊深厚。在蔡培火的眼中，矢內原忠雄對總督府治臺政策的微辭，等同於對臺灣人議會設置請願運動的理解與支持；而盧溝橋事件之後，受到軍國政府的打壓，蔡培火被矢內原的氣節風範震服，也愈加體認到信仰的力量。[95]

近代日本的道德教育
武士基督教（武士キリスト教）的型塑

嫁接：日本精神的特質

文明開化以後，往昔武士階層的尊嚴與威信該如何才能被維持下來，一直都是開化之子內心的困頓與隱憂；另一方面，又如何才能與萬國對峙，更是當時知識菁英日夜苦思的議題。前述的福澤諭吉在其大作《學問之勸》〈初編〉強調，為求國家的主權獨立，即使犧牲每位國民的個別性命，亦不能讓國威遜色。[1] 然而，〈初編〉標題「天不在人上造人、亦不在人下造人」，似乎是暗指人與人之間理應平等，相互尊重，更意圖打破傳統官尊民卑的舊思惟；[2] 而國權與民權之間又當如何？福澤諭吉在《學問之勸》〈二編〉中明示政府與民眾之間的相互關係，既有契約、亦有義務，相互之間應恩禮相待，而非上下之別；[3] 而上述的這些思考，我們相信應該是來自於西方盧梭（Jean-Jacques Rousseau，1712-1778）《社會契約論》（*The Social Contract*）的啟發。

回顧近代日本的歷史脈絡有幾個分水嶺，影響社會菁英之於國家進路的思考，一是一八八一年，因「明治十四年的政變」以及其後《大日本帝國憲法》的頒布所連動而來的「恩賜之民權」；接著則是一八九〇年〈教育勅語〉的煥發，確立了近代日本教育的基本方針；其三是一八九五年「日清甲午戰爭」的爆發，象徵著「文明vs.野蠻」的對決。而這三件大事對同時期的開化之子而言，勢必受到衝擊，因此欲有效解讀開化之子的思考歷程，就必須把明治日本此三大事件放諸腦海。其中，對近代初期日本社會菁英而言，「日清甲午戰爭」則是一洗國恥，獲取西方列強正面評價一個千載難逢的機會。[4]

除了福澤諭吉、內村鑑三之外，媒體人德富蘇峰、竹越与三郎（1865-1950）亦透過學理性思考，而對日清之間的武力對決發表論述。一八九四年（明治二十七年）六月德富蘇峰發表〈日本國民の膨脹性〉（《國民の友》二二八號）；同年七月以後，又有竹越与三郎在戰爭爆發前後，陸續發表〈清國人種的侵略運動の大勢〉與〈大なる日本〉，大談其中國論點。[5]

套用福澤諭吉「一身兩世」的說法，開化之子多出生於幕末維新時期。啟蒙教育是武家教義，但懂事以後則受到正規洋學教育洗禮，因當時明治政府甫成立不久，在在都是百廢待興，更遑論近代新式教育的辦理。因此，開化之子多在西洋人教師的春風化雨下，不僅接受全英語教育，更被灌輸基督教的平等主義。值得注意的是，明治初期接受基督教信仰的開化之子，多為無法進入藩閥政府權力核心的舊士族之後。他們在學齡時期遇見以進化論解釋《聖經》之所謂自由派基督教（Liberal Christianity）、或稱自由主義神學，在既是恩師亦是宣教士的循循善誘下，不禁為之嚮往。時序進入明治，瞬時擺脫過去士農工商的四民差別，改以「四民平等」替代之。[6] 近代日本的青年菁英更為歐美社會「自由」（Liberal）、「民權」（the people's rights）等思惟感到衝擊與驚艷。福澤諭吉甚至在《福翁自傳》中以「門閥制度乃尊親之仇敵」（門閥制度は親の敵でござる）形容之，可見過去傳統身分制度的桎梏如何地讓有能者難以伸志。[7]

根據臺灣師範大學東亞學系教授張崑將的研究指出，一九〇〇年代前後日本社會的基督徒鼓動一股探討武士道內涵之氣風，除了受到西方自由主義神學傳入日本的影響所致之外，應與一八九五年日清甲午戰爭以及一九〇五年日俄戰爭的獲勝不無關聯。[8] 然而，果真是如此嗎？約一千年漫長的日本歷史中，武家政治的時代就佔了七百年，對開化之子而言，身負祖先過去的榮耀歷史，面對前述「四民平等」新制的上路，一則以喜；一則以憂。當門閥的桎梏不在時，開化之子開始醉心於追求功名，然而，其心底層面的衝擊，以及對未來的不確定性，卻是他們倍感憂心的原點，亦是何以前述福澤諭吉會撰寫《學問之勸》，強調「實學」的主因。[9]

值得注意的是，即使《學問之勸》首部曲〈天不在人上造人、亦不在人下造人〉讓該書受到社會矚目，不過在福澤諭吉的心底層面，仍保有傳統「四民之制」的舊思惟，其次女阿房的一件逸聞往事則足以明徵。據說當阿房把初戀的心儀對象帶回去見福澤諭吉時，福翁以「與女兒的身分不能匹配」（娘と身分違いだ），而強制他們不可繼續來往。在福澤諭吉的認知中，他的女兒只能與武家子弟連姻（自分の娘は武士のところにしか嫁にやらない）。顯見福澤諭吉仍有門戶之見，次女阿房其後則與福翁的養子桃介結為連理，桃介的舊姓岩崎，乃甲斐國武田家之後，身上流有武家的血脈。即使時代不同，桃介的生家務農，家境貧困，但總是與武家之後沾一點邊，也算是門當戶對，以舊士族之後而得以符合福翁的期待。[10]換言之，福澤諭吉內心仍緬懷過去武家時代的光榮，而絕非人間平等論的擁護者，但為打破身分階層的不平等以面對現實，福翁乃鼓勵青年子弟致力向學，修補運勢。[11]

往昔日本武士的行動原理，首重「克己」，悲喜不形於色，即身處苦悶亦不忘微笑，心懷憎惡仍保有禮節，且視己命輕如鴻毛。[12]根據同時期瓜地馬拉外交官Enrique

Gómez Carrillo（1873-1927）的觀察，日本社會的價值一如武士的英勇作風、對正義的信仰，對主君的忠誠，以及對武士精神的執著等，都是身為日本國民可深感自豪的文化遺產。Gómez Carrillo延用某位日本社會神秘論者的說法，「世界各國的文明皆被日本文化所習合（或稱「嫁接」），日本以其獨特的文化影響力讓他者之文明巧妙變身，再以唯一且真實的文明影響全世界，唯永久保持這股能量日本才得以背負使命」，以一言蔽之，無關乎戰爭與軍力關係，從文化的永續發展考量，Gómez Carrillo主張日本絕對是世界的中心；[13]若從地理位置觀之，除了版圖相對狹小之外，日本位於西洋與東洋交接處，可有效控制世界大洋，更是東亞地區南北列島往來之鎖鑰。[14]然而，當Gómez Carrillo在評論日本的當下，位處日本南方的臺灣仍是蠻荒未開的蕞爾小島，而被他所忽略。事實上，從文化的永續發展考量，先不予置評，但若從地理位置觀之，前述Gómez Carrillo的主張則應冠在臺灣島上。一八九八年在曾是首屆臺灣總督府民政長官水野遵主倡下，糾集一些日本社會的臺灣經驗者成立「臺灣協會」，在〈設立臺灣協會主意書〉中提及臺灣之於東亞的價值，明白點出該島「西控支那（中國）大陸、南望南洋諸島！」[15]

而根據臺灣師範大學東亞學系教授張崑將的研究指出，日本社會「文明開化」之後，一八八〇年代在日本活動的一些所謂新神學（New Theology）之宣教團體主要有三，有普及福音派（Evangelical）、上帝一位論（Unitarianism），以及萬人救濟派（Universalists）等。當一神信仰的自由主義神學進入日本社會時，又是如何與多神信仰的傳統神道教思惟兼容並蓄？從結論觀之，近代日本的基督教信仰有三項特徵，其一是改以日本基督教會為中心，而直接影響日本社會基督教界的發展方向，代表性的存在即植村正久；其二則是以個人主義為中心的「無教會」派，一切規範源自於《聖經》，代表性人物即內村鑑三；其三為試以基督教義為國家的基本精神，代表性存在則是海老名彈正。[16]

一如前述，開化之子多出自武家子弟，在學齡前的啟蒙歷程中，傳統武士的弓道精神，或稱手握弓箭者之教習（弓箭取る者の習），勢必成為他們核心思想的基礎；而學齡之後，英學教育中的基督教義如何能與武士道思惟接軌，則成為開化之子的矛盾與隱憂，而問題提起的契機則出於社會「國權」與「民權」的消長關係。張崑將教授則依不同的內涵論述而把近代日本的武士基督教做出幾種分類，各種類型的屬性相互類似，僅強弱不同而已。[17]

例如：最早意識到武士道與基督教之間應如何連動者，恐非前述的植村正久莫屬了。一八九四年（明治二十七年），植村在《福音新報》一五八號發表一篇〈基督教與武士道〉（キリスト教と武士道），強調武士道必須與宗教結合才能求得完整，因為武士道講究的是剛強武勇，卻欠缺基督教所觸及的「愛」；[18]其次，是從「文明vs.野蠻」的進化論觀點思考議題，海老名彈正的主張傾向於和平手段的「大日本膨脹論」，[19]乍看下其內涵與武士道濟弱扶傾的「仁」相互悖離，但與帝國主義背後的基督教思惟卻是一致；[20]而內村鑑三視武士道為日本最善之物，但倘若能透過「嫁接」手段，把基督教義有效連動，武士道便可能成為世界最良善之物，不僅可解救日本，亦可以救贖世界。[21]

至於一位讓「武士道」成為日本文化遺產，不僅舉世聞名且歷久彌新者，此代表性人物即前述撰寫《武士道》的新渡戶稻造。新渡戶試把日本的「武士道」與西洋的「騎士道」一體化處理，其之於「武士道」的期待，一如騎士道背後有基督教義為後盾，而欠缺宗教體系基礎的「武士道」亦可被基督教義所涵化；[22]另一方面，一如一九〇五年為該書寫〈緒言〉的東洋學者William Elliot Griffis（1843-1928）之所言，新渡戶稻造意圖透過該書向西洋人傳達一項訊息，即武士道能有效解決二十世紀初最大的議題：「東亞與歐美之間的調和與一致」（東洋と西洋との調和と一致の解決）。

換言之，如同過去日本社會透過「神佛習合」的過程，日本把來自亞洲大陸的佛教予以本土化變身，近代日本的開化之子則亦意圖把基督教會國風化處理，[23]而一個具體案例就是新渡戶稻造的同窗內村鑑三所主倡的「無教會」派思考。

武士道思考的源泉

一如新渡戶稻造的領悟，開化之子年少時期的道德觀乃起自於庭訓的啟蒙，而非學校教育；正邪善惡觀念的養成，以及潛移默化中纏繞於鼻息之間的，即傳統的武士道精神。而新渡戶稻造試透過《武士道》一書的撰寫，向海外社會介紹日本道德教育之精髓，因此該書於首章便開宗明義強調「作為道德體系之一環的武士道」（道徳体系としての武士道），把道德律與武士道等二者連結一起。在新渡戶稻造的認知中，作為封建制度遺產之一的「武士道」，其綻放的光芒仍像遠空的遙星，應持續成為日本道德規範之亮點。[24]

過去江戶時期有所謂「武家諸法度」十三條，內容多屬婚姻、居城與徒黨等範疇，道德教義的規範幾近微乎其微。新渡戶稻造認為，倘若勉強把「武士道」試與「武家諸法度」放諸一起，實有困頓之處。在新渡戶的認知中，所謂「武士道」指的是以武士為業者，而其日常起居所應遵守之規範，亦是武人階層身分者之義務。[25]過去，武士以戰鬥為業，深具強烈粗野素性，不斷交相攻伐的結果，長時間下來逐漸衍生出果敢冒險的職業屬性，而柔弱怯懦之徒則自然會被去蕪汰換。[26]

然而，「武士道」背後所應嚴守的道德原理多為口傳，抑或是重要學者、武將所留下之名言，即使不言不文，但卻是切中於身體力行。因此道德史上的「武士道」，幾乎是等同於政治史上「憲法」之地位。然而，作為武士行為準則之規範，「武士道」本身並無所謂的成文法可言。[27]因此，近代日本不少國學者針對「武士道」進行相關研究，但其結論卻莫衷一是，且因日本的戰敗，這些「武士道」相關論著亦已成無用之物，被棄置一旁。唯新渡戶稻造以英語撰寫的《武士道》，伴隨時代推移而能歷久彌新、淵遠流長。

武家社會肇始於十二世紀，武士日常言動之經驗，曾幾何時被凝聚成一種共識下的不成文法，即所謂的「武士道」。依新渡戶稻造的理解，「武士道」的背後蘊含三種思考源泉，其一是相信宿命而不執著於生死的佛教；其二是在傲岸不遜性格背後融入謙讓之念的神道教；其三則是嚴守上下關係、五倫教義的儒教。[28]而這其中最受外界矚目的莫過於武士階層獨特的身心靈規範，即所謂的「名譽」意識，一句流傳自日本近世的諺語，即「武士の一分」（the honor of a sumurai），其背後之深意無他，即武士誓死也要嚴守名譽與顏面。而這也是近代日本無論維新志士，抑或是開化之子，在名譽榮耀的感性作祟下，朝思暮想的都是如何讓劣等國日本往上提升，得以與萬國對峙的主因。[29]

新渡戶稻造試歸納出「武士道」所內含的幾項德目，包括義、勇、仁、禮、信（誠）、名譽、忠、智等，而在新渡戶的析論下，每一項德目其實是環環相扣。東京大學史料編纂所教授山本博文則從《武士道》的字裡行間中，整理其宗旨如下。

德目	宗旨	出處
義 rectitude	以卑怯與不正為不恥乃是「義」的基本概念，「義」（或稱「正義」）的存在一如人體的骨架，而與「義」相提並論者，則是「勇」。	第三章
勇 courage	「勇」（或稱「勇氣」）是指做正確判讀的決定與行動，其背後的出發點若欠缺了「正義」支持，那就稱不上是美德。而了解生死有時，知所進退，才足稱之為真「勇」。	第四章

仁 benevolence	「仁」是一種對他者的同情與愛憐，亦是各種人性與德目的最高存在。新渡戶稻造則引佛教的慈悲加諸於「仁」，從當權者民胞物與的感性情懷切入其中。	第五章
禮 politeness	「禮」若僅局限於行禮如儀的層面，作為德目而言則相對貧弱；真正的「禮」指的是對他者的一種尊重、體貼，以及在應對進退上展現相對應的尊敬之念。	第六章
信 veracity	「信」的另一面向即「誠」（sincerity），君臣之間以仁、禮相互對應，但其前提則是「信」，即所謂「人無信不立」，在日本則是「武士無二言」。	第七章
名譽 honor	「名譽」是一種對自我人格尊嚴與價值的自覺，因身分地位伴隨而來的義務與特權。	第八章
忠 loyalty	「忠」原來指的是對上位者的服從與忠誠，亦是對武士階層產生信賴的原由，但必須強調的是並非無判斷力，而僅一味地諂媚與追隨而已，特別是在忠孝無法兩全的情況下，絕對是優先考量對主君或國家的「忠」，即把意識放在大我的層面。	第九章

智
wisdom

第十章

「智」指的是叡智，而非僅止於專業知能的層面。為求「武士道」思考能有效轉型為道德體系，且歷久彌新，武士教育的人格養成自然變得重要。

（作者整理，參考自山本博文《武士道：新渡戸稻造》，頁二四至三二）

根據山本博文教授對《武士道》一書的研究指出，在武士道的各項德目中最佔上位的莫過於「忠」，而「忠」的背後則與「名譽」連動。對「忠」與「名譽」的認知與解讀，明治先覺者福澤諭吉與開化之子的新渡戸稻造之間明顯不同。以長久以來廣受日本社會民眾喜愛的江戶日本時代之「忠臣藏」事件為例，[30]淺野家的下屬殺害侮辱主君的仇敵吉良上野介，被當時一般庶民尊之為「赤穗義士」，但福澤諭吉卻非常地不以為然。新渡戸稻造認為「赤穗義士的忠義並非源自於對主君的強制性服從，而是源自於武士之於名譽的強烈意識，因此這種自發性行徑不僅是當時的社會民眾深受感動，更受容於近代日本社會」。事實上，對近代日本社會而言，依舊充斥著一股武家社會時代的浪漫。

即使對於兩造之間的恩怨，淺野長矩內匠頭（1667-1701）忤逆了武士「克己」的基本德目，竟因一時的情緒失控而在朝廷殿堂貿然亮刀，當時德川幕府下令淺野內匠頭切腹謝罪，卻對吉良義央上野介（1641-1703）不予刑罰，這的確是一樁不公正的裁決，然而，福澤諭吉的質疑是淺野家的部屬既認為這樁裁決是不公正的，何以不直接向幕府提出訴求？倘若四十七名部屬無畏於德川幕府的橫暴，而堂堂正正地條理分明，即使犧牲全體性命也要將不滿情緒訴諸幕府，則無論幕府的處置手法何等粗糙亦須承認他們的道理，或許就會對吉良上野介加以刑責，重新做出公正裁決。假設一切皆不如預期的話，再採取復仇行動，依舊會讓後世之人稱頌他們是真義士。[31]

在「赤穗義士」身上可以看到復仇與切腹等兩種不同行徑，而其背後卻與「武士道」德目中的「克己」，緊密相結。「克己」是一種修維，亦可成為「武士道」與「基督教」的共通平台。「克己」的前提就是能有效控制自己最自然的情緒，喜怒不形於色，面對各種激情干擾，依舊舉止沉著、精神平靜，一如法國的政治人物塔列朗（Charles Maurice de Talleyrand-Périgord，1754-1838）所形容的，擁有「隱藏思想」的技術。日本國民面對人性最脆弱的試煉時，習以苦笑表情回應，笑容經常是掩飾悲傷或憤怒的一種平衡錘。[32]而這一切並非與身俱有的，是經由知性的訓練所致。

名譽與金錢的輕重關係

過去的武士階層面對清貧的經濟生活，多透過克己高邁的精神力量鍛鍊心志。畢竟武士的教育訓練是品行第一，甚至優於思慮、知能與辯論。而在智育的修煉上，自江戶以來多以哲學與文學為主體，反倒是武藝教育的訓練則明顯闕如。江戶時期日本社會的最大特色就是承平兩百六十年，政治相對安定，而這也是日本史上前所未有的經驗。在幕藩體制的嚴格規範下，江戶時期的武士不再練武，而把精神關注於閱讀與禪修上。庶民的精神生活變得安定且愉悅，以商業為生的町人階層更是如魚得水。這些町人階層在近代以後，成為日本社會資本主義化的重要推手，江戶時期的町人與豪商到了明治時期則搖變成中小企業主與政商階層，更是推動維新變革的一股重要力量。[33]

值得注意的是在武士道的教程中，引人瞠目的是數學的相關訓練，既無科學之精確，亦明顯欠缺數字觀念。整體而言，過去「武士道」的教育訓練不僅相當非經濟性，甚者更以清貧自豪。在「名譽」的最高德目下，武士階層擔心獲利會玷汙武士的榮光而寧可選擇虧損！不容諱言地，過去「克己」訓練的背後，亦有其社會經濟的特殊思惟。[34]

十六世紀日本織豐政權時期，受到西洋大航海時代影響，西教與鐵砲傳入日本，讓戰國大名分立的年代有了統合的契機，江戶幕府於焉成立。然而，西教的傳入卻讓武家政權面臨著前所未有的危機。當上帝是唯一的真神時，將軍亦不再是士族階層心目中的主君。地方武士毅然把土地奉獻給教會，以致仰賴貢租營生的幕府恐將面臨財政動搖的危機。為了防範未然，江戶幕府不僅禁制西教，力行鎖國體制，更一手壟斷貿易利權與海外情報。然而，面對物資不足的社會經濟，江戶幕府僅能以「身土不二」、「地產地銷」等保守、消極手段教育民眾，在有限的對外貿易下度過物資短缺的困境。於是，質樸、剛毅與信守職分則成為江戶時代留給日本社會的一項重要文化遺產。[35]

在《福翁自傳》裡福澤諭吉曾自曝，自己早在十六歲前後，長兄福澤三之助曾尋問他未來的生涯規劃？福澤諭吉則回應，自己「將來想賺很多的錢，變成日本首富，然後可以自由揮霍」！這樣的夢想之於江戶時期中津藩的武士階層而言，可謂是非常不上道的想法，兄長所期待的答案應該是「為主君盡忠義，向母親行孝道，成為武士的楷模」。然而，對凡事抱持存疑精神的福澤諭吉而言，可能是故意忤逆兄長的期盼，而把武士階層最忌諱的「金錢」掛在嘴邊，說給兄長聽的。[36]

一如前述，福翁抱持著這樣的思惟不僅令兄長感到瞠目結舌，明治日本「無教會主義」創始人內村鑑三更是不以為然，而直接以「拜金宗」一語批判之，但在福澤諭吉的認知中，繼續緬懷過去武士時期的光榮者，才是與時代脫節；而努力工作，合法賺錢，又何罪之有呢？福翁自己至死都甚難理解，何以內村對他的金錢第一主義，會有如此激烈的反應!?[37]

延續一八七二年（明治三年）〈中津留別之書〉的撰寫旨趣，福澤諭吉勉勵中津藩的舊士族子弟為學的重要性，而二十五年後的一八九七年（明治二十七年）福翁更以〈銭の外に名誉あり〉一文發表在《時事新報》上，強調一身獨立、一家經濟的基礎源自於財富的追求，然而在追求財富之際，更不忘實至名歸的榮耀。而福澤諭吉之所以撰寫此文，據說與他一直以來被冠上「拜金宗」的稱號，不無關聯。

一如前述，在家庭負債的陰影下，年輕時期的福澤諭吉的生涯志向就是成為日本首富，且大肆揮霍一番。一反一般士族階層故作蔑視金錢的高尚態勢，福澤諭吉從不以「富豪」為忤；相反地，他深知金錢的重要性，雖然金錢並非萬能，但沒錢卻是萬萬不能。在福澤諭吉的認知中，日本立國的根本莫過於「對外商戰」，富豪商人即使是為一己之私，貨殖致富，透過外匯累積，國家勢必因此而得以富強，因此福澤諭吉曾撰文呼籲社會大眾，應對富豪階層聊表敬意，而非祭以忌妒批判；[38]相對地，福翁亦提醒富豪階層在衣食無虞之際，須求得安心快樂之道，唯反躬自省，瞭解自己的長處，且勵精圖治而已。[39]

而福澤諭吉之於財富的立論基礎，簡言之，即一切的「私財」即是「國財」，亦是國力的本源，撇開私情與私德問題，從國家經濟的利害得失觀之，只要取之有道，君子愛財並不為過。因此，在福澤諭吉的言語間，非常鼓勵國民大眾汲汲於自營生計，畢竟這是立國富強的根本，[40]顯然福翁所謂「國民之秘產乃為國財」與中國《韓詩外傳》所謂的「藏富於民」之理論並不悖離。

眾所周知，福澤諭吉生涯汗牛充棟的言論作品中，唯《學問之勸》與〈脫亞論〉至今仍受矚目。然而，長久以來日本社會研究福翁思想者，亦不乏經濟學研究者，如小泉信三（1888-1966）、藤原昭夫（？-2001）、西川俊作（1932-2010）、永田守男、広田昌希、八木紀一郎等人；一八六八年（慶應四年）五月十五日，維新戰爭如火如茶之際，在隆隆砲聲下，福澤諭吉正為旗下門生講授《*The Elements of Political Economy*》，[41]該書在當時被譯為《經濟學》，由此顯見福翁之於社會經濟的關心。

然而，福澤諭吉在《福翁自傳》中自曝，其實自己對商業買賣並不上手，但顯然對於賣書這件事，意外地卻是得心應手。[42]福澤諭吉之所以關心社會經濟，實有其思想脈絡可循。在《福翁自傳》〈一身一家経済の由来〉中自述，父親早逝，自幼家境清寒，生涯中最感畏怖的莫過於「負債」。[43]其一是自幼失怙之貧窮下士的人生經驗；其二是父親生前就是替主君處理會計業務者，自然有其家學淵源；而三次西航的體驗與心得，更讓福澤諭吉充分瞭解東洋世界最欠缺的，莫過於無形的「獨立心」與有形的「數理學」。[44]

福澤諭吉對西洋社會的理解，以一言蔽之，莫過於「競爭原理」，而其背後自有一套「定則」在運作，此一定則源自於經濟學之父亞當・史密斯在《國富論》中所謂的，是受制於一隻看不見的手（invisible hand）所左右，而社會則充斥著一股「平民利己心」。而這一切相對於過去武士道精神所講求的成就「大我」的公益而言，明顯是追求「小我」之私利。如何在大小我之間有效取捨求取平衡，乃福澤諭吉傾畢生之力，意圖有效解明課題，同時也是《學問之勸》〈六編〉與〈七編〉探討「職分」內涵之宗旨所在。

然而，在福翁的認知中，貧窮與身分制度是成就一身獨立之大礙，但即使如此，切不可因而有損自己的榮譽與品位。福澤諭吉認為人們對世間珍寶多有需求，與其無病長壽，更期待富貴安樂。世間人皆以養生為重，避免罹病；而即使以貨殖為志，但卻經常有其困難。即使如此，人們的心底層面無法自滿於安樂長壽，而極致高尚之境界，則莫過於一身的名譽。

社會上那些自稱只在乎財富多寡者，反躬自省時，考量平日的處世得失，以及來自世間人的厚薄情誼時，多少因有所不足而留下遺憾。從旁推敲之，問題關鍵多出於名譽心的不滿足。因此必要時就必須針對一些小事下功夫，遠恥辱而重體面，以博世間人尊崇。社會上的富豪人身著美服、建構邸宅，一擲千金，逞奢華、求歡樂，散財的目的是為了引人側目，豪奢的意義則是為求取名譽。

當時有不少既無政治舞臺、亦無思想足以示人者，則透過私金捐納以換取勳爵，而福澤諭吉並非想咎責於這種行徑，而只是意圖儆醒世人，以這種手段所取得之榮耀乃華而不實的虛名罷了。真正能策動高尚人心的名譽，應該是超越金錢之上，能安定人心的存在。即具有涵化智識、德義、才力、品行等所謂「不羈獨立」之氣概，應對進退自由自在，威武不足以恃、富貴不足以羨，且不侮人愚、不咎人惡。

福澤諭吉勸戒後輩子弟，追求財富之外，更應躬身於讀書；而讀書不得法者，或與世間君子交流聽取高見、或接受宗教家之說教、或閱讀報紙媒體之社論，如此一來自然會遠離浮世虛名，而求得真正的榮耀。社會一般所謂的富豪大家，以一己之力白手起家者有限，不少人則是受惠於社會潮流之所趨，隨波崛起。即使家道興盛、財富增加，但多數者的人品與氣質並沒有因而往上提升。即使綺羅覆身，出席重要場合，一旦除去蔽身衣物，亦不過是無學、文盲、鄙劣、粗野之輩，令人不屑，因此在追求財富之外，實質的名譽與榮耀更顯重要。[45]

結語

迷思的終結

大和魂vs.大和心

所謂「大和心」近似於「大和魂」，都是日本社會的固有特質，但些許不同的是「大和魂」的背後是一股勇猛凜然氣勢；而「大和心」卻充滿一種柔和、協調的情緒。此語源自於本居宣長〈敷島の歌〉之一句，「しきしまの大和心を人問わば朝日に匂ふ山桜花」（請教何謂敷島的大和心，即旭日下滿山遍野撲鼻而來的山櫻花香）。有別於福澤諭吉為求目的，只要合於正道不擇手段的權道主義，唯「退守策」或「進取策」的抉擇可選，[1]面對國家的生死存亡，為求國權伸張，犧牲民權亦在所不惜的結果，在軍國掛帥的氛圍下，反倒讓國家走上近乎亡國之悲運；[2]受到武士基督教洗禮的開化之子，不同於其後與軍國主義連動的「大和魂」，則是從和平主義的角度思考未來「武士道」存續的議題，更是有別於無神論思想家中江兆民（1847-1901）之大作《三醉人經綸問答》，當洋學紳士、豪傑壯士與南海先生之間針對國家進路的理念與議論走到莫衷一是的地步時，武士道基督教徒則為日本的自我定位開啟了一扇窗。[3]

當德富蘇峰及其旗下的民友社之於日清甲午戰爭的勝利意味著進步與改革時，另一方面則強調必須以謙卑的態度與世界文明的潮流相互協調，而其之於《日清戰爭の真義》強調「否定孤立、否定排斥、否定驕傲、否定滿足」，並以自我滿足與獨善其身為戒，[4]而一個讓德富蘇峰為之氣餒的事實，則是無論大和民族的表現再優，對歐美人士而言依舊是一介「東亞人」罷了；[5]《三醉人經綸問答》中的洋學紳士指的是樂天的社會進化論者，其典型代表莫過於意氣軒昂的福澤諭吉之輩；而主張大陸侵略的東洋豪傑等亞洲主義者，則是不符時代潮流的表徵；倒是以南海先生自居的中江兆民則認為日本社會之於列強侵略的潛在隱憂，可謂是「過度」解讀。[6]

一如前述，面對歐美文明的駸駸東來，開化之子的迷思在於日本傳統唯一無二的武士道精神是否就此消逝殆盡？在新渡戶稻造的思考認知中，維新成功的動力源自於日本傳統的武士道精神。即使是推動維新革命的先驅志士吉田松陰（1830-1859），其遭致處刑之前亦不忘強調，武士道精神背後的「大和魂」乃是帶動日本社會運作的重要動能。畢竟建設明治新日本的維新志士，亦是在武士道的庭訓啟蒙下訓練出的領導人才。這些為國家的發展把脈與掌舵者，多是只習得武士道的一群人，卻成為建設新日本重要的政治人物。[7]換言之，新渡戶稻造認為無論是現在或未來，武士道精神都會成為建設日本的原動力。[8]

而依新渡戶稻造之所見，造就新日本有效改革的原動力，應該是武士道精神的榮譽感及其行禮如儀的文化遺產，而武士道精神中的勘忍、不撓與勇氣的重要性，則透過清日甲午戰爭足以明徵。然而不容諱言地，武士道的教育制度中，明顯欠缺形而上思考的相關訓練。因此，即使擁有強烈的榮譽感，卻經常陷入情感用事以及自負尊大的盲點。[9]因此有必要讓武士道精神背後無意識且沉默的特質被喚起，進行道德革新。[10]而歐美宣教士雖試把西方的道德體系基督教帶進日本，卻漠視日本獨特的風土人文，而妄想把基督教直接嫁接於武士道之上，新渡戶稻造認為這是西教在日本宣教失敗的主因。[11]

不同於歐洲的騎士道，即使封建制度的土臺消失，仍有基督教義予以支持；失去幕藩體制支撐的日本社會核心價值之武士道，如今又何去何從呢？現實上，近代日本在平民主義浪潮下，過去社會地位重要表徵之一的武士階層，被法學家與政治家取代。[12]顯然這也是前述伊藤博文的隱憂，亦才有其後一八九〇年〈教育勅語〉發想的出現。伊藤博文自忖，倘若基督教可謂是歐美社會的基軸，那麼足以有效成就日本社會之基軸者則恐非「天皇制」莫屬了。

如前所述，一八八九年（明治二十二年）二月二十一日，《大日本帝國憲法》發布。該部憲法乃是一部主權在天皇的「欽定憲法」，強調天皇的絕對性與神聖性。翌年（一八九〇年），明治政府另頒佈〈教育勅語〉，作為國民教育的終極目標。明治憲法體制的兩大支柱，一是法體系的「大日本帝國憲法」，另一則是意識形態的「教育勅語」，在此二者合流下，天皇背後的國體主義與立憲主義二者相互涵化，而成為統合國民思想的基礎。一八九〇年（明治二十三年）帝國議會首次開議，掌握國家機器的政府具有相對的壓倒性優勢，而首相山縣有朋（1838-1922）則以超然主義立場主政，完全無視政黨的存在。

一八九〇年十二月六日，在首次帝國議會開議中，山縣首相進行「施政方針演說」，強調國家獨立自衛之道有二，第一是守護主權線；第二則是保護利益線。所謂主權線即國境線，而利益線則是指危及主權線的鄰近區域。[13]事實上，早在同年三月期間，山縣有朋便提出〈外交政略論〉，並把日本的利益線明確定位於朝鮮半島；而一八九三年（明治二十六年）十月山縣又提出〈軍備意見書〉，與萬國對峙乃明治國家追求獨立的終極目標，因此須講求富國強兵之道，進而也為一八九四至一八九五年（明治二十七至二十八年）的清日甲午戰爭埋下伏筆。[14]清日戰役的獲勝不僅確立明治天皇制的存立問題，亦沖銷了長久以來自由民權派人士所結集的民黨對政府的質疑與批判；[15]對國民大眾而言，既是國民活動範圍的擴張，亦是國民自信心的回復。[16]畢竟當初日本是在西方強權武力威嚇、滿腹屈辱的情況下勉強開國；當然，日本社會也順勢理解並習得歐美文明。

然而，內含日本傳統武士道精神的「道義」概念及其相關教條的〈教育勅語〉，因日本在太平洋戰爭的戰敗，而走入了歷史。一八九九年，新渡戶稻造透過《武士道》清楚預言，舊武士道精神若能華麗變身，則其內涵的武勇精神與文德教義，仍有淵遠流長的可能性。[17]畢竟日本社會歷經七百年武家社會的年代，不僅是武士階層，從社會底層開始，國民大眾在耳濡目染間皆被武士道精神所涵化，更成為近代日本社會國家的一項重要特質。然而，一如德富蘇峰在《將來の日本》之所言，優勝劣敗不竟然是單憑腕力，更需要的是「財富與智力」。換言之，今後日本的未來成就與否，重點是在產業主義的發展上，[18]並與近代日本年輕人的未來相互關聯。[19]

不同於伊藤博文試從神道教下的「天皇制」，尋求日本社會的精神基軸；包括新渡戶稻造在內的開化之子，則試把武士道嫁接於基督教的「神之國」，套用俄羅斯文學家托爾斯泰的用語，「神の国は汝らのうちにあり」（The Kingdom of God Is Within

You），而讓舊武士道精神脫胎換骨，成為新的道德規範，扮演引領近代日本走出活路的角色。[20]而其具體的內涵與準則，包括自我使命的提升、人生觀與平民主義的視野、海外知識的增進，以及除了儒家的仁愛與佛教的慈悲之外，還須加入基督教的博愛，日本民眾從以往的封建臣民逐步提昇至近代公民，甚至是其上的存在。[21]畢竟不被基本教義所固守的「武士道」思想是不會遭致滅絕，即使其背後的體制消失殆盡，但仍以普世道德的模式存續下去。[22]

換言之，開化之子新渡戶稻造、內村鑑三、德富蘇峰、植村正久等一群武士基督教徒，與維新志士伊藤博文、強調獨立自尊的福澤諭吉等對當時明治國家的進路，可謂是殊途同歸，即都在探尋一條「與萬國對峙」的路徑，而國民的統合、國體的存續與國權的擴張，更是近代初期日本社會朝野的共同目標。唯伊藤博文從日本固有的神道教著手，透過「天皇制」建立日本社會的基軸，最後卻讓日本走向軍國主義之路，並陷入敗戰的絕境；而新渡戶稻造則試在傳統武士道精神的基礎上，加入基督教和平主義的元素，意外地讓戰敗後的日本找到自我肯定的源泉，並歷久彌新。即在神國播下的種子所長出來的花朵，綻放出武士道精神，成為足以淵遠流長的「大和心」。[23]「大和心」與「大和魂」之間的差異，彰顯出「開化之子」與「天保老人」之間的世代相違。[24]而所謂「天保老人」指的是一八三一至一八四五年間出生的天保世代，福澤諭吉、伊藤博文與山縣有朋等皆屬之。

而內村鑑三則從「大和心」的內涵找出日本社會隱藏版的特質，即從精神風土中找到日本社會特有的一套宗教哲學。一如所謂的個人使命，日本國的天職是什麼？日本以什麼作為核心思想來服侍神？世界對日本的期待是什麼？而日本為人類社會又能做出什麼貢獻？當明治日本正汲汲於文明開化時，當時的開化之子、明治青年背離社會的潮流，重新審視延續人類精神背後的脊椎，而其尾端所謂精神上退化的「尾椎骨」，果真就是人類整體文明進化的表徵嗎？內村鑑三試從隱藏版日本的社會特質找出宗教的特質，主張大和民族乃屬宗教族群，而該特質即日本的天職所在，更是該族群之所以偉大的源流。[25]換言之，當物質文明發展到極致，將世界富源開發殆盡，即能求得全體人類的幸福!?這個邏輯令內村鑑三感到質疑。

基本上，內村鑑三認同一九一八至一九二二年德國歷史哲學家史賓格勒（Oswald Arnold Gottfried Spengler，1880-1936）撰寫歷史主義著作《西方的沒落》（*Der Untergang des Abendlandes*）的說法，即人類文明的進步非線性發展，而是走循環迂迴路徑，更重要的是在等待一個純信仰的復興，而這也是一九一九年（大正八年）瑞士的新教神學家卡爾・巴特（Karl Barth，1886-1968）在其大作《羅馬書釋義》（*The Epistle to the Romans*）第二版所主倡的。內村鑑三以過去佛教之於印度、而儒家之於中國為例，佛教信仰到了日本轉型成鎌倉新佛教，而儒家思想到了日本則成為武士道精神之礎石。

以一言蔽之，來自海外的文明文化最後到了日本都被重新闡釋，並發揚光大。如今在功利主義掛帥下，基督教之於歐美社會逐漸被忘卻，而同樣地當基督教來到了日本，勢必會被重新闡釋、復興，再以新的形象傳達給海外世界，而其中「無教會」派即是一個具體表徵。[26] 內村鑑三在其《聖書之研究》中透過兩篇小文〈我が信仰の友：源信と法然と親鸞〉（我的信仰之友：源信、法然與親鸞）以及〈寧ろ儒者に倣ふべし〉（勿寧向儒者學習）等，清楚表明即使自己是決志於基督教的福音傳遞，但對信仰的信念與態度則無異於日本佛教史上的源信、法然與親鸞，而傳道的手法更須向江戶的儒學者伊藤仁齋（1627-1705）、中江藤樹（1608-1648）與貝原益軒（1630-1714）等人學習。[27]

而這項信念其後亦受到前述新教神學家卡爾・巴特的認同，卡爾・巴特在另一部重要大作《教會教義學》（*Church Dogmatics*，1932-1967）日語版序言中，特別強

調「未來的一世紀，東洋的基督教神學將認真地擷取西洋的文化遺產，屆時耶穌基督所傳達神的話語勢必全面以新的詮釋呈現，且可預期地應該已經開始了（やがて東洋のキリスト教神学が、西洋の遺産を真剣に摂取した上で、イエス・キリストにおいてが語られた神の御言葉の全く独自で新しい理解に向かって立ち上がるような一世紀が来るであろう。そして、恐らくそれはすでに始まっているのであろう）！[28]

一九二〇年（大正九年）二月十日，內村鑑三在《聖書之研究》二三五號發表了一篇小文〈伯利恆之星〉（ベツレヘムの星），行文中清楚表達在其認知中所謂「日本的天職」之內涵。內村鑑三認為倒底誰最能理解耶穌基督的精神與思想呢？恐怕至今仍尚未出現！當把聖經交付給東洋人（日本人!?）時，他們憑藉著謙遜的信仰態度與深度的研究精神重新處理聖經教義，耶穌的存在亦才能毫無疏漏地讓世人完全理解與接受。[29]

根據都留文科大學教授新保祐司的研究指出，在日本大正末期的一九二〇年代，透過前述內村鑑三的兩篇小文〈日本の天職〉與〈ベツレヘムの星〉，清楚看到內村之於歷史理解的視野，以及強烈的使命感，他絕不願意看到日本國民的形象表徵，是在一味模仿學習之後，僅以一介「小西洋人」之姿便於焉告終。[30]而針對〈宗教的再改革之必要〉（宗教改革仕直しの必要），內村鑑三以英字「Need of Re-reformation」表記之，試從日本社會的宗教特質，以及歐美文明核心價值之基督教，而與「日本之天職」相呼應。內村鑑三強調這是為求人類靈性提升的一項嘗試，即試使基督教在日出之國重新溯本清源，而內村主倡的「無教會主義」，即其所謂的「宗教的再改革」，這一連串的作法，包括在自宅舉辦家庭聚會研讀聖經等，並非僅止於對傳統教會的反動行徑而已，而是世界史上一項新試作，[31] 也印證了日本人的本質乃宗教民族之論述（日本人は元来宗教的の民である）。[32]

繼內村鑑三對國家的進路寄予「日本的天職」，其弟子輩的矢內原忠雄則型塑出一個「國家的理想」；內村鑑三主張唯物質文明是圖的日本是一時的、顯性的，但其背後則有一個隱藏版的日本，而這個「隠れたる日本」乃日本社會特有的宗教本質。一九五〇年四月，日本思想史權威和辻哲郎（1889-1960）出版大作《鎖國》，文中敘述江戶幕府為求鎖國體制的有效建構，極盡其能地湮滅基督教史料，以致相關史料多流於海外；相對地，十六世紀當時日本民眾的自主性基督教運動，反而沾染了一層「異國」色彩，必須把所謂「埋もれたる日本」，即被歷史埋掉的日本，重新挖掘出來，才能有效還原日本社會的本質。[33] 而與和辻哲郎同期的矢內原忠雄則在「神之國」

的演說中強調，為了追求日本國的理想，當務之急則須先把這個國家埋了（日本の理想を生かすために、一先ずこの国を葬ってください）。

顯見在近現代日本的發展進程中，有識之士對於日本國之於自我、之於世界的定位，一如中江兆民的《三醉人經綸問答》所點出的迷思與盲點，長久以來都處於反覆摸索、莫衷一是的困境中。在開化之子的認知中，一如德富蘇峰在〈東亜の日本と宇内の日本〉之所言，[34] 日本社會應以成為「東西文明的融合者、黃白人種的協調者」自許。而東西文明融和論的思考亦成為從近代初期文明野蠻相互對決的「脫亞論」，逐步轉向近代後期試回歸東亞共榮之「興亞論」的一個過度階段，一九〇七年「大日本文明協會」乃因應而生，[35] 該會是早稻田大學創辦人大隈重信（1838-1922）於六十九歲高齡時，為求世界和平，在西歐文明普及的前提下，力促日本社會扮演協調東西文明融和的角色。[36]

而約略半世紀之後出現的日本文學家三島由紀夫（1925-1970）其臨死前的遺言，透過〈我的二十五年〉（私の中の二十五年）展現自己對日本社會的期待與絕望，而其中的一段如下，「自此之後我對日本無法寄予太大的期望，因我愈加感覺日本遲早會消逝。一旦日本消逝之後，代之而起的則是留在極東地區的一處無機地、空心地、中性地、富裕地、不容被漠視地、某一個經濟大國」！[37]顯然過去內村鑑三對近代日本社會醉心於文明開化，而失去自我的指摘；戰後則有三島由紀夫對日本欠缺自我立場，而一味迎合國際社會而深感不平。但他們都相信現在的一切只是「一時的」現象，日本應有其隱藏版的面向與內涵，而藉由「相信」，可找到自我慰藉以及戰勝虛浮世間的勇氣。[38]

當時序進入二〇〇一年，日本東寶電影發行的動漫作品「千と千尋の神隠し」（神隱少女），內容充滿奇幻與冒險，的確有其戲劇張力，但在故事背後所潛藏的深度意涵，則強烈傳達出前述內村鑑三所謂的隱藏版日本社會的宗教本質，以及對人類文明線性發展的強烈質疑。動漫導演宮崎駿（1941-）試透過流行次文化的影響力，向社會大眾提出警訊，人類社會的功利、貪婪與傲慢，幾乎把自然環境破壞殆盡，而這種現象更令日本列島上的八百萬眾神不得安寧，甚而狼狽不已。

平凡中的不凡

即使從明治以後乃至當代，日本社會的基督教信徒僅佔總人口的1%左右，但日本社會之於來自基督教的變革卻不能小覷，戰後日本社會改革的推手，基督徒知識菁英扮演重要角色，而他們的共通特色有二，其一是他們多是在一九一〇年代日本社會教養主義文化當道時受菁英教育栽培；[39] 其二則是這些基督徒知識菁英多為主倡「無教會」派內村鑑三的門下生。[40]

承前所述，內村鑑三所謂的「基督教は欧米の天地を去ったのである、さうして日本に来たのである」，即當歐美國家背離了基督教的核心思想，基督教來到了日本，日本之於基督教便有其應盡的天職，因此矢內原忠雄在一九三七年（昭和十二年）中日戰爭爆發之際，本著一介基督徒的良知，從「國際正義」與「國際和平」角度，清楚表達反對戰爭的立場。矢內原忠雄在同年九月以〈國家の理想〉一文投稿雜誌《中央公論》，主張所謂日本的理想就是透過國民的力量把基督教的真理發揚光

大，因此他所謂的「國家」的理想，指的是「神之國」的理想。矢內原深信神國的真理絕對比歐美的文明既深且廣，因此認識、相信與頌揚神國的真理，乃日本基督教的使命與自豪，而一個關鍵的前提就是「悔改」，唯有人心悔改，理想的神國社會才有落實的可能。[41]

換言之，矢內原忠雄在看中日戰爭這項議題時，是從聖經的教義，即從神國的高度審視問題，而引發戰爭的兩造，無論中國、抑或日本都是有罪的，但若以「日本的天職」或「國家的理想」自許的話，那日本所犯的罪更是超乎中國，日本必須悔改；而站在一介基督徒的立場，則應秉持良知向交戰國雙方呼籲放棄戰爭，於是矢內原忠雄在「神之國」的那場演講中，以「汝等應速速停止戰事」（汝等は速に戦を止めよ），以及「這將是我日本之理想的告別式」（我が日本の理想の告別式でございます）等語句，而受到激進分子批判，甚而引發眾所周知的「矢內原忠雄事件」。[42]

一九四一年五月，即太平洋戰爭日美開戰的半年前，矢內原忠雄曾在東京的靈南坂教會以「基督教と日本」為題發表演說，[43]內容觸及基督教精神落實於日本社會的時辰已近，而其前提的議題設定是「基督教之於歐美各國已近尾聲」（欧米諸国に於ける基督教はほぼ終りに近づいている），[44]這項假設與前述內村鑑三所謂的「基督教已離開歐美社會，而來到了日本」（基督教は欧米の天地を去ったのである、さうして日本に来たのである），顯然有其延續性。

前述臺灣高雄第一科技大學助理教授赤江達亦在其論著《「紙上の教會」と日本近代》中，綜整現行研究對矢內原忠雄思考言行之評價。例如，Andrew E. Barshay的研究指出，從一介基督徒知識分子的角度思考矢內原忠雄，無論是宗教、戰爭，抑或是民族主義等議題，矢內原忠雄絕對是關鍵性存在，即使難以被有效評價；[45] 武田清子《キリスト教》（筑摩書房，一九六四年）則以「日本人基督徒對超國家主義之軍國主義的對決紀念碑」（日本人キリスト者の軍国主義的超国家主義に対する数少ない対決の記念碑），評價矢內原忠雄是從無教會信仰與運動的角度，自始至終貫徹非戰立場的存在；[46] 而政治思想家竹中佳彥《日本政治史の中の知識人：自由主義と社会主義の交錯（上）（下）》（木鐸社，一九九五年）則認為，矢內原忠雄的理論除了加入基督教信仰的元素外，基本上無異於軍國主義者認知中的民族主義；[47] 東京大學名譽教授姜尚中雖承認矢內原忠雄是近現代日本社會科學者中少數認真面對殖民地議題者，但何以他之於殖民地的「同情心」僅限於臺灣，而明顯忽略了朝鮮。[48]

一九二〇年（大正九年）以後，矢內原忠雄繼新渡戶稻造而在東京帝國大學擔任

「植民政策」講座教師，並一連出版論著多本，而足可作為區域研究的代表性著作《日本帝國主義下之臺灣》則受制於臺灣總督府的禁令，反而成為留日臺裔學生爭相閱讀的經典論著。但無庸置疑地，一介近代日本殖民政策學者的議題思考，必然是站在日本帝國的立場發言，而同時期的臺灣青年又何以關心殖民政策論，並試瞭解其背後的理論依據？一個重要的關鍵是，在第一次世界大戰（一九一四至一九一八年）結束後，自由主義思想蔚為潮流，[49]日本社會底層民眾期待能獲取參政權，而殖民地亦同，傳統同化主義殖民政策開始受到質疑。值此之際，「無教會」派國家主義者重新思考今後日本帝國與殖民地之間的架構與互動，而前述蔡培火、林呈祿等所謂臺裔開化之子明顯受到啟迪，雖然一路走來跌跌撞撞，但卻成為戰後臺灣社會從威權體制和平轉型為民主政治，似乎看不到但卻是存在的一股重要的中道力量。

一如前述，其源流與來自於內村鑑三的思考不無關連，即內村的國家關懷與獨立志向。而內村鑑三的思考源流有三，其一是受到「不敬事件」的衝擊，基督教與天皇制國家應如何相互受容？其二則是國民精神能否獨立的前提在於如何避開來自海外教會的補助？畢竟「別具依賴性格的基督教不是真正的基督教！」（依賴的の基督教は実は基督教ではない）[50]顯然內村鑑三「無教會」主義的發想與福澤諭吉在《學問之勸》

及其諸多「國權」與「民權」等相關論著之內涵殊途同歸，即對外伸張國權、對內主張民權，更顯見明治日本重要的政治議題，不外乎「國權」與「民權」相互間的定位、論爭與受容。

對權道主義者福澤諭吉而言，國家是一個重要命題，因此為求國家的獨立自尊，國威的存在應優先於國民權益考量；[51]而內村鑑三，則以一介「獨立信者」的基督教平信徒身分，發展出不倚賴教會與國家的「無教會」派思考。內村鑑三的思考邏輯是「獨立性是信徒之於信仰唯一的試金石，欠缺獨立心等同是沒有信仰者」（独立は信徒の信仰の唯一の試験石であります。独立心のなき者には信仰はない者と見て間違はありません）。[52]而獨立信者充斥於教會內外，這些多數且默默「無名的平信徒」則是「無教會」派須守護的對象，他們不被世俗教會包容，孤獨、散逸地隱身於社會的各個角落。[53]於是，透過「紙面」聖經教義的文字傳達，人們在日常的生活起居中仍可繼續維持信仰形式，套用赤江達也的說法，即「紙面上的教會」（紙上の教會）。

另一個值得關注的課題是「無教會」思考朝往殖民地臺灣推展之歷程，雖不違因人流移動而起了漣漪，但相關書物與雜誌卻扮演著重要角色，美國康乃爾大學（University of Connecticut）政治學教授Benedict Anderson（1936-2015）稱人流移動為「世俗的巡禮」，以臺灣社會為例，透過矢內原忠雄來臺進行調查與演講，「無教會主義」在日本帝國領域內另闢出一個知性網絡，即使太平洋戰爭之後總督府焉然消逝，但這個知性網絡依然存在，[54]而這一切則是拜日本殖民統治時期基礎教育的普及之所賜。

何義麟氏〈矢內原忠雄的學識與信仰之再評價：以戰後知識分子的論述為中心〉指摘，由於臺灣社會的「無教會」派欠缺集體的力量，因此相較於本土神學之臺灣基督教長老教會的社會奉獻，則略顯消極。[55]的確，基督教長老教會在臺灣社會的形象比在地其他的基督教派明顯更具「臺灣人」意識，更重視社會的民主與人權。

然而，一如前面文脈所述，臺灣社會的「無教會」派與基督教長老教會的成員幾近重疊。而臺灣社會的「無教會」派乃臺灣社會「知性」的表徵，亦是戰後維繫日臺關係重要的平台之一。過去曾師事矢內原忠雄的高橋三郎（1920-2010），可謂是從內村鑑三以來第三代「無教會」派的核心人物。以高橋三郎為首，日本的「無教會」派繼續被傳承下來。而作為「無教會」派的獨立傳道人，高橋三郎與臺灣的本土教會之間則有著深遠淵源。[56]

另一方面，內村鑑三於近代日本期間所創設的「無教會」派（non-church

movement），在臺灣或以「純福音」、或以「獨立教會」、「家庭會」稱之。其最初的發跡可能是從南臺灣開始崛起，而發出第一聲者或許就是前述的謝萬安。但不容置疑地，被尊為「高砂族之父」的井上伊之助，亦可能就是把「無教會」派思想帶入臺灣社會的重要推手。很明顯地，過去臺灣社會受到蘇格蘭基督教長老教會感召的臺灣人信眾，到了日本殖民統治時代，又受到近代日本「無教會」派的深遠影響。

眾所周知，基督教長老教會（Presbyterian church）之源流乃喀爾文主義（Calvinism）旗下產物，隸屬「改革派神學」（Reformed Theology）。一八六五年蘇格蘭長老教會宣教團發跡於臺南；一八七二年在臺北附近的淡水則有加拿大長老教會宣教團在淡水活動，此二者於一九五一年合流為「臺灣基督教長老教會」，而成為當今臺灣社會重要的基督教宗派之一，更是難以被漠視的存在。而基督教長老教會的營運採喀爾文（Jean Calvin，1509-1564）主倡的「長老制」。喀爾文主張恪遵《聖經》權威，不在教會組織中區分「監督」、「長老」、「牧師」等職分；而對比世俗的政治制度，改革教會的「長老制」則近似議會制民主主義。依照美國紐約大學伯魯克分校（Baruch College，New York University）臺灣問題研究者張格物（Murray Rubinstein）之研究指出，臺灣社會基督教長老教會所抱持的代議制民主精神，戰後則成為試與威權政府抗衡的重要源流。[57]

一九七一年臺灣被趕出聯合國後不久，[58]同年十二月二十九日臺灣基督教長老教會發表〈臺灣基督長老教會對國是的聲明及建議〉；一九七三年三月十九日，又以「臺灣基督徒自決協會」名義發表〈臺灣人民自決宣言〉；而在臺美斷交的契機下，一九七八年八月十六日教會這方則主張〈臺灣基督長老教會人權宣言〉；當臺灣的國民黨政府因言論彈壓引發「鄭南榕的自焚事件」時，一九九一年八月二十日臺灣基督教長老教會直接發表〈臺灣主權獨立宣言〉。換言之，一九七〇年代以後，臺灣基督教長老教會經常為了國家前途議題而憂心不已。

臺灣基督教長老教會之於國家前途的深思熟慮，亦深刻影響其他的教派。列舉一實例言之，基督教長老教會聯合其他宗派，於二〇一八年三月一日開始辦理為期四十日的為國家「禁食祈禱」活動。回顧過去，從一九七八年的「人權宣言」[59]乃至二〇一八年的「四十日為國禁食祈禱嚴肅會」[60]，臺灣社會基督教界對國家的深切關懷，絕非偶然，是有其脈絡可循。而追溯其源流則可逆推至臺裔開化之子的國家思惟，而其中不乏是基督徒。臺灣社會基督教國家主義的成員都為社會知名度相對較低的中堅階層。倘若試問臺灣社會無以取代的國民精神之具體內涵為何？恐怕是潛藏於民眾日常平凡生活中的非凡良知，而此亦可謂是隱藏版的臺灣社會特質，這項特質內涵一套中流砥柱之機制，在險峻的海內外政經情勢中，每每成為穩定臺灣社會的一股中道力量。

自一九二六年三月開始連續刊行兩年限定發行的一本英文雜誌《*The Japan Christian Intelligencer*》，[61]亦可說是「無教會」派《聖書之研究》的英字版。[62]明治初期開化之子的教育背景，多是在基督教思惟下行全英語教育，札幌二人組等同儕之間的書信往返、或與海外人士的聯繫等多以英語書寫。除了新渡戶稻造的《武士道》，內村鑑三亦同，從〈How I became a Christian〉（余は如何にして基督信徒となりし乎）開始不乏英字的書寫作品出版。[63]如今臺灣的教育開始邁入全英語教育的時代，有朝一日當臺灣的全英語教育全面普及化後，對臺灣社會的知性發展會帶來如何的衝擊與影響，期待之餘，不禁令人感到興味盎然。

附錄

附錄一　福澤諭吉〈中津留別之書〉

〈中津留別之書〉乃一八七〇年福澤諭吉上京臨行前交代家鄉子弟，身處時代變局，今後應如何自處的一封書簡，鼓勵年輕人應修德開智、自立自強，獨立自尊、造福鄉里。〈中津留別之書〉之重要性，在於書簡內涵可說是《學問之勸》思考的雛型。其中，最觸動人心的一句，莫過於「只要能自食其力、人就可不受妨礙而得以自由自在」（自から労して自から食い、人の自由を妨げずして我自由を達し）；而〈中津留別之書〉出稿後三十年，福澤諭吉試為慶應義塾撰寫道德綱領，而於一九〇〇年（明治三十三年）完成的〈修身要領〉二十九條，或稱「福澤之道德律」（Fukuzawa's Moral Code）。其中的第二條則強調身心獨立，人必自重而後人重之，此亦可謂是獨立自尊者。[1]，並進而以「獨立自尊」作為該校校訓，自此之後福澤諭吉的形象表徵，則莫過於「獨立自尊」四字。書簡原文附錄於後。

人は万物の霊なりとは、ただ耳目鼻口手足をそなえ言語・眠食するをいうにあらず。その実は、天道にしたがって徳を脩め、人の人たる知識・聞見を博くし、物に接し人に交わり、我が一身の独立をはかり、我が一家の活計を立ててこそ、はじめて万物の霊というべきなり。

古来、支那・日本人のあまり心付かざることなれども、人間の天性に自主・自由という道あり。ひと口に自由といえば我儘のように聞こゆれども、決して然らず。自由とは、他人の妨をなさずして我が心のままに事を行うの義なり。父子・君臣・夫婦・朋友、たがいに相妨げずして、おのおのその持前の心を自由自在に行われしめ、我が心をもって他人の身体を制せず、おのおのその一身の独立をなさしむるときは、人の天然持前の性は正しきゆえ、悪しき方へは赴かざるものなり。

もし心得ちがいの者ありて自由の分限を越え、他人を害して自から利せんとする者あれば、すなわち人間の仲間に害ある人なるゆえ、天の罪するところ、人の許さざるところ、貴賤長幼の差別なく、これを軽蔑して可なり、これを罰して差し支えなし。右の如く、人の自由独立は大切なるものにて、この一義を誤るときは、徳も脩むべからず、智も開くべからず、家も治まらず、国も立たず、天下の独立も望むべからず。一身独立して一家独立し、一家独立して一国独立し、一国独立して天下も独立すべし。士農工商、相互にその自由独立を妨ぐべからず。

人倫の大本は夫婦なり。夫婦ありて後に、親子あり、兄弟姉妹あり。天の人を生ずるや、開闢の始、一男一女なるべし。数千万年の久しきを経るもその割合は同じからざるをえず。また男といい女といい、ひとしく天地間の一人にて軽重の別あるべき理なし。

古今、支那・日本の風俗を見るに、一男子にて数多の婦人を妻妾にし、婦人を取扱うこと下婢の如く、また罪人の如くして、かつてこれを恥ずる色なし。浅ましきことならずや。一家の主人、その妻を軽蔑すれば、その子これに倣て母を侮り、その教を重んぜず。母の教を重んぜざれば、母はあれどもなきが如し。孤子に異ならざるなり。いわんや男子は外を勤て家におること稀なれば、誰かその子を教育する者あらん。哀というも、なおあまりあり。

『論語』に「夫婦別あり」と記せり。別ありとは、分けへだてありということにはあるまじ。夫婦の間は情こそあるべきなり。他人らしく分け隔ありては、とても家は治り難し。されば別とは区別の義にて、この男女はこの夫婦、かの男女はかの夫婦と、二人ずつ区別正しく定るという義なるべし。然るに今、多勢の妾を養い、本妻にも子あり、妾にも子あるときは、兄弟同士、父は一人にて母は異なり。夫婦に区別ありとはいわれまじ。男子に二女を娶るの権あらば、婦人にも二夫を私するの理なかるべからず。試に問う、天下の男子、その妻君が別に一夫を愛し、一婦二夫、家におることあらば、主人よくこれを甘んじてその婦人に事るか。また『左伝』にその室を易うということあり。これは暫時細君を交易することなり。

孔子様は世の風俗の衰うるを患えて『春秋』を著し、夷狄だの中華だのと、やかましく人をほめたり、そしりたりせられしなれども、細君の交易はさまで心配にもならざりしや、そしらぬ顔にてこれをとがめず。我々どもの考にはちと不行届のように思わるるなり。あるいはまた、『論語』の「夫婦別あり」も、ほかに解しようのある文句か。漢儒先生たちの説もあるべし。

親に孝行は当然のことなり。ただ一心に我が親と思い、余念なく孝行をつくすべし。三年父母の懐をまぬかれず、ゆえに三年の喪をつとむるなどは、勘定ずくの差引にて、あまり薄情にはあらずや。

世間にて、子の孝ならざるをとがめて、父母の慈ならざるを罪する者、稀なり。人の父母たる者、その子に対して、我が生たる子と唱え、手もて造り、金もて買いし道具などの如く思うは、大なる心得ちがいなり。天より人に授かりたる賜なれば、これを大切に思わざるべからず。子生るれば、父母力を合せてこれを教育し、年齢十歳余までは親の手許に置き、両親の威光と慈愛とにてよき方に導き、すでに学問の下地できれば学校に入れて師匠の教を受けしめ、一人前の人間に仕立ること、父母の役目なり、天に対しての奉公なり。子の年齢二十一、二歳にも及ぶときは、これを成人の齢と名づけ、おのおの一人の了管できるものなれば、父母はこれを棄てて顧みず、独立の活計を営ましめ、その好む所に行き、その欲する事をなさしめて可なり。

ただし親子の道は、生涯も死後も変るべきにあらざれば、子は孝行をつくし、親は慈愛を失うべからず。前にいえる棄てて顧みずとは、父子の間柄にても、その独立自由を妨げざるの趣意のみ。西洋書の内に、子生れてすでに成人に及ぶの後は、父母たる者は子に忠告すべくして命令すべからずとあり。万古不易の金言、思わざるべからず。

さてまた、子を教うるの道は、学問手習はもちろんなれども、習うより慣るるの教、大なるものなれば、父母の行状正しからざるべからず。口に正理を唱るも、身の行い鄙劣なれば、その子は父母の言語を教とせずしてその行状を見慣うものなり。いわんや父母の言行ともに不正なるをや。いかでその子の人たるを望むべき。孤子よりもなお不幸というべし。

あるいは父母の性質正直にして、子を愛するを知れども、事物の方向を弁ぜず、一筋に我が欲するところの道に入らしめんとする者あり。こは罪なきに似たれども、その実は子を愛するを知て子を愛するゆえんの道を知らざる者というべし。結局その子をして無智無徳の不幸に陥らしめ、天理人道に背く罪人なり。人の父母としてその子の病身なるを患ざるものなし。心の人にしかざるは、身体の不具なるよりも劣るものなるに、ひとりその身体の病を患て心の病を患えざるは何ぞや。婦人の仁というべきか、あるいは畜類の愛と名づくるも可なり。

人の心の同じからざる、その面の相異なるが如し。世の開るにしたがい、不善の輩もしたがって増し、平民一人ずつの力にては、その身を安くし、その身代を護るに足らず。ここにおいて一国衆人の名代なる者を設け、一般の便不便を謀て政律を立て、勧善懲悪の法、はじめて世に行わる。この名代を名づけて政府という。その首長を国君といい、附属の人を官吏という。国の安全を保ち、他の軽侮を防ぐためには、欠くべからざるものなり。

およそ世の中に仕事の種類多しといえども、国の政事を取扱うほど難きものはなし。骨折る者はその報を取るべき天の道なれば、仕事の難きほど報も大なるはずなり。ゆえに政府の下にいて政事の恩沢を蒙る者は、国君・官吏の給料多しとてこれをうらやむべからず。政府の法正しければその給金は安きものなり。ただにこれをうらやまざるのみならず、また、したがってその人を尊敬せざるべからず。ただし国君官吏たる者も、自から労して自から食うの大義を失わずして、その所労の力とその所得の給料と軽重いかんを考えざるべからず。これすなわち君臣の義というものか。

右は人間の交の大略なり。その詳なるは二、三枚の紙につくすべからず、必ず書を読ざるべからず。書を読むとは、ひとり日本の書のみならず、支那の書も読み、天竺の書も読み、西洋諸国の書も読ざるべからず。このごろ世間に、皇学・漢学・洋学などいい、おのおの自家の学流を立て、たがいに相誹謗するよし。もってのほかの事なり。学問とはただ紙に記したる字を読むことにて、あまりむつかしき事にあらず。学流得失の論は、まず字を知りて後の沙汰なれば、あらかじめ空論に時日をついやすは益なき事なり。人間の智恵をもって、日本・支那・英仏等、わずか二、三ヶ国の語を学ぶになにほどの骨折あるや。鄙怯らしくもその字を知らずしてかえって己が知らざる学問のことを誹謗するは、男子の恥ずべきことにあらずや。学問をするには、まず学流の得失よりも、我が本国の利害を考えざるべからず。

方今、我が国に外国の交易始り、外国人の内、あるいは不正の輩ありて、我が国を貧にし我が国民を愚にし、自己の利を營んとする者多し。されば今、我が日本人の皇学・漢学など唱え、古風を慕い新法を悦ばず、世界の人情世体に通ぜずして、自から貧愚に陥るこそ、外国人の得意ならずや。彼の策中に籠絡せらるる者というべし。

この時にあたって外人のはばかるものは、ひとり西洋学のみ。ひろく万国の書を読て世界の事状に通じ、世界の公法をもって世界の公事を談じ、内には智徳を修て人々の独立自由をたくましゅうし、外には公法を守て一国の独立をかがやかし、はじめて真の大日本国ならずや。これすなわち我が輩の着眼、皇漢洋三学の得失を問わず、ひとり洋学の急務なるを主張するゆえんなり。

願くは我が旧里中津の士民も、今より活眼を開て、まず洋学に従事し、自から労して自から食い、人の自由を妨げずして我が自由を達し、脩徳開智、鄙吝の心を卻掃し、家内安全、天下富強の趣意を了解せらるべし。人誰か故郷を思わざらん、誰か旧人の幸福を祈らざる者あらん。発足の期、近にあり。匆匆筆をとって西洋書中の大意を記し、他日諸君の考案にのこすのみ。

福澤諭吉

明治三年庚午一一月二七夜、中津留主居町の旧宅敗窓の下に記す

福澤諭吉〈中津留別之書〉內容之大要，即舊士族面對文明開化之新局，過去長久以來作為立身處世之道的傳統「武士道」思惟，自此之後應如何自處？該文之宗旨即教誨子弟，如何正視修身、齊家、治國、平天下的舊思惟。福澤諭吉在該文冒頭開宗明義地一語道破，人之所以稱得上是萬物之靈，即以修德、有智、合群為始，一身獨立、一家獨立，這是最基本的。

再說何謂「自由」？過去東亞的國家對於人性的自由、自主，多不予認同，而一

味地以任性視之。自由的本義應是在不礙他人的前提下，可以自由心證。父子、君臣、夫婦、朋友的關係皆同，互動之間不可以一己心念而制他人之身，畢竟每個人都是獨立個體，在不相妨礙的前提下，秉持人之天性，朝往正向邁進，而不會涉足不當之處。

倘若有超越自由分際，而試圖利己害人者，不僅無益於社會，更犯下違天之罪，是人類社會所不允許的，無論貴賤長幼，皆足以輕蔑之，即使因而受罰亦無不妥。換言之，人的自由獨立最是重要，一旦偏離了正道，便無法修德、開智、持家、治國、平天下。即所謂一身獨立、一家獨立、一國獨立、天下獨立，而士農工商之於自由獨立，皆不宜相互妨礙。

人倫之大本乃夫婦是也，先有夫婦，再有親子、兄弟姊妹。神造人之後，自宇宙開闢之始，便有男有女。經數千萬年之後，男女的比例相差無幾，天地之間無論男女，毫無輕重之別。然而，中土、日本的古今風俗，男性以數多之婦人為妻為妾，視婦人如下婢、如罪人，且不以為恥，甚為膚淺。一家戶長蔑視其妻，其子傚之而輕侮其母，做母親的又如何能管教子弟呢?母親無法管教子弟，一如失恃，則無異於孤子。畢竟父親多主外，家庭教育的重任多落在母親身上，如今子弟無人管教，於呼哀哉。

在福澤諭吉的認知中，《論語》記載「夫婦有別」，此處之「別」非指「分別」之意，而是指有所「區別」。夫婦之間有其特殊情誼，倘若一如他人般地存在，則難持其家。「夫婦有別」的言下之意所指的是男女有別。然而，現下男性多蓄養小妾，本妻之子與小妾之子為同父異母的兄弟關係，但因男女有別，男性有娶二女之權，女性卻無蓄二夫之理。試問天下男性，倘若家中妻君另愛一夫，即一婦事二夫，戶長能甘心坐視如此現象而不為所動嗎？或者一如《左傳》之所載，交易妻室哉。孔子眼見世風日衰而撰寫《春秋》，當時無論夷狄或是中華，褒貶之聲不絕如縷，世間亂象即使視細君為交易商品，亦不足為怪，超越吾輩所能想像。福澤諭吉認為或許《論語》所記之「夫婦有別」，亦有其他解釋，漢儒專家可能另有其說法。

而孝親行徑是當然爾，應全心關注於雙親身上，毫無餘念地勵行孝道。但倘若幼年時受父母懷抱約略三年，因此服喪三年即可，如此一一估算的話，則不免流於薄情。福澤諭吉認為世間多咎責子女的不孝，但卻鮮少有人批判父母之不慈。為人父母者，對於己出之子，總認為這孩子是自己生的，自己造的，而把他視之為可換錢的道具，福澤諭吉認為抱持這種思惟是不對的，畢竟人的生命是來自上蒼的恩賜，因此不可不珍視之。福翁主張把孩子生下後，父母應合力教育之，在十來歲以前應放在身邊，以雙親的威光與慈愛循循善誘，培養學問的基礎後再送進學校，請專門的教師教育之。讓孩子能獨立自主，乃父母的義務，也是對社會的責任與奉公。當孩子的年紀來到二十一、二歲左右，便稱得上是成人，既可以獨當一面，父母即可棄之而不顧，讓孩子自己獨立生計，到想去的地方，做自己喜好之事。

唯親子之道，乃生涯甚至死後皆無法改變的關係，子須盡孝道，而親則不失慈愛之情。前述的「棄之而不顧」，僅止於即使是父子關係亦不可剝奪個人的獨立自由而已。福澤諭吉引洋書之所述，孩子自出生乃至長大成人，父母僅能給予忠告，而不是命令，這句萬古不易之金言，實在是引人深思。福翁認為育子之道，修業學問當然是必要，但是與其學習，更重要的則是耳濡目染，因此父母的行為必須端正不可。言教不如身教，因此父母的言動不可不當，才能教出令人期待的子嗣，否則子息之未來恐比孤兒更為不幸。

有些父母的性格正直，對孩子亦疼愛有加，對子息的需求不問理由，一味地予以滿足。福澤諭吉認為乍看之下，這種作為似乎沒有不對，然而卻是懂得疼愛孩子，但不懂得愛子之道，最後可能導致孩子陷入無智無德之不幸，成為違背天理人道的罪人。為人父母沒有不憂患子女生病的，而心靈的問題更甚於身體之不適。為人父母者僅憂心子女身體的病痛，卻忽略了心理問題，福翁更以婦人之仁、家畜之愛而稱之。

人的性格相異，一如長相不同。世風日下，不善之輩相繼增加，以平民的一己之力，不足以安身自衛。因此就必須設置一國眾人之代表，經由便民、擾民的深切思考後，設計政律與勸善懲惡之法，行之於世，而此代理者即所謂的政府。政府首長稱之為國君，而旗下附屬人員稱之為吏僚。為防止外力侵侮，保障國家安全，政府的存在是不可欠缺的。

福澤諭吉認為世間職種雜沓，但就屬國家政務是最難處理的。倘若犧牲小我者之回饋是來自於天道，仍不若複雜、困難之工作的回饋來得大。因此福翁主張，吾人在政府之下蒙受政事恩澤者，對於國君或吏僚的優渥薪資無須欣羨。倘若政府行正道之法，則其薪資相對低廉。不僅無須羨慕，更進而予以尊敬。而國君、吏僚倘若能勞動身體、自食其力，更不失其大義。而思考其所勞之力與所得薪資的輕重比例，不就是君臣之義嗎？

前述人際關係互動之大略，若要詳述則一言難盡，兩、三頁稿紙亦無法完述，唯博覽群書一途而已。提及讀書，福澤諭吉認為不能只讀日本書，更需閱讀海外如中土、天竺、西洋諸國之書。維新以後的日本社會，無論是皇學、漢學，抑或是洋學，各有其流派，相互毀謗，視為異己。而所謂的學問乃閱讀紙上文字罷了，並非難事。因此福翁主張學派得失之論，乃閱讀之後才見真章，事前之空論乃曠廢時日，毫無助益。以人的智慧習得日本、中土、英法等兩、三國語言，實在是沒什麼大不了的。膽小鄙怯不識外文，卻一味地毀謗自己所不懂的學問，作為男人而言真是可恥！福澤諭吉更進一步強調，為學之際，與其研究學派之得失，更要考慮的是對我國的利害關係。由此顯見，福澤諭吉之於學問思考，重點有二，即學用合一與治學報國。

面對近代日本與海外交易，外國人士間的不正之輩，多意圖讓日本貧弱化，甚至愚弄日本民眾，以謀求己利。福澤諭吉眼見日本社會仍高唱皇學與漢學，慕古風而不悅新法，因不通國際的人情世體，不僅讓自己陷入貧愚，亦難以瞭解海外人士的良善之處，僅能困居在海外之於日本的策略當中。福澤諭吉主張如何面對外國勢力而不感畏怖，唯洋學一途。博覽萬國書籍，通曉國際事狀，以國際公法談國際事務，內修智德，強化個人的獨立自由，對外則嚴守國際公法，維持一國獨立，真正的大日本國才有可能於焉成立。福翁再三強調，年輕學子不必問皇漢洋三學的得失如何，唯著眼於洋學乃當前之急務。

附錄二　藤井武〈亡びよ〉

藤井武（1888-1930），一九一一年（明治四十四年）畢業於東京帝大法科大學政治學系，在學期間加入了內村鑑三的聖經研究會，並協助成立「柏會」。學校畢業之後進入政府內務省工作，在京都府服務。一九一三年（大正二年）轉調山形縣警視單位，其後擔任理事官，並配合政府政策協助設置自治講習所培育人才。一九一五年（大正四年）藤井辭任公職，返回東京而成為內村鑑三的助手。一九二〇年（大正九年），藤井武離開內村，獨立運作聖經研究會，並創刊雜誌《旧約と新約》，以無教會主義指導者進行宣教。

而刊載於《旧約と新約》第一二一號的這篇〈亡びよ〉（滅亡吧！），發表於一九三〇年七月，當時日本社會正面臨金解禁政策與世界恐慌（Great Depression）的雙重打擊，在嚴峻的「昭和恐慌」下，企業相繼倒產、失業者爆增、農產品價格滑落，以國際和平為目標的協調外交，在軍部統帥權干犯的壓力下受到挫折。面對軍部勢力的抬頭，包括藤井武在內的有識之士不免為此而憂心忡忡，因此他以聳動標題試圖呼籲社會大眾必須警醒，原文附錄於後。

日本は興りつつあるのか、それとも滅びつつあるのか。わが愛する国は祝福の中にあるのか、それとも呪詛の中にか。興りつつあると私は信じた、祝福の中にあると私は想うた。しかし実際、この国に正義を愛し公道を行おうとする政治家の誰一人いない。

真理そのものを慕うたましいのごときは、草むらを分けても見当たらない。青年は永遠を忘れて、鶏のように地上をあさりおとめは、真珠を踏みつける豚よりも愚かな恥づべきことをする。

かれらの偽らぬ會話がおよそ何であるかを去年の夏のある夜、私はさる野原で隣のテントからゆくりなく漏れ聞いた。私は自分の幕屋の中に座して、身震いした。翌早朝、私は突然幕屋をたたみ私の子女の手をとってソドムから出たロトのように、そこを逃げだした。

その日以来、日本の滅亡の幻影が私の眼から消えない。日本は確かに滅びつつ

ある。あたかも癩病者の肉が壊れつつあるように。わが愛する祖国の名は、遠から
ず地から拭われるであろう。鰐が東から来てこれを呑むであろう。亡びよ、この汚
れた処女の国、この意気地なき青年の国！この真理を愛することを知らぬ獣と虫け
らの国よ、亡びよ！「こんな国に何の未練もなく往ったと言ってくれ」と遺言した
私の恩師（内村）の心情に私は熱涙をもって無条件に同感する。ああ禍いなるかな、
真理にそむく人よ、国よ。ああ主よ、願わくはみこころを成したまえ！

《旧約と新約》第一二一号、一九三〇（昭和五）年七月

藤井武〈亡びよ〉之大要如下：

日本會逐漸振興起來，抑或是逐漸沒落下去；我們所熱愛的國家是處在充滿祝福當中，抑或是正被咒詛著？我相信應該是逐漸走向振興，而我也認為是處於滿滿的祝福裡。然而，在這個國家沒有一位政治人物是熱愛正義的，更遑論願意試行公道。一如追慕真理的靈魂，即使開荊闢棘亦難以尋覓，青年永遠都忘了此種景象是比雞隻在地上捕食少女，或是豬隻踐踏珍珠，更為愚蠢、甚至令人不齒。

去年夏天某個夜晚，我曾停駐足於原野上，偶然間聽到鄰近帳篷的一段真實對

話，我坐在自己的幕帳中，身體不禁顫抖。翌日一早，我突然起來把自己的幕帳摺好，牽起子女的手，逃離這個業障之城。

自此之後，日本滅亡的幻影從未在我的眼前消失。日本的確是處於日漸毀滅當中，如同癩病患者肉體逐漸壞死一般。我所愛的祖國，她的名字不久之後將從地平線上消逝，那來自東邊的鱷魚會把她給吞噬。滅亡吧！這個被玷汙的處女之國，沒有魄力的年輕國家，不懂熱愛真理的禽獸國度，滅亡吧！「這個國家義無反顧地給我前行吧」！面對恩師（內村鑑三）遺言背後的心情，我的熱淚代表的是無條件的同感。背離真理的人們、國家啊！這難道不會罹禍嗎？主啊！懇求祢讓我心想事成吧！

附錄三　內村鑑三的〈戰爭廢止論〉[2]

內村鑑三執筆撰寫這篇〈戰争廢止論〉的一九〇三年（明治三十六年），正是引發日俄戰爭的重要關鍵年代。義和團事件之後，包括日本在內，一九〇一年清廷與相關國家簽署一份「北京議定書」，除了巨額償金與治外法權之外，清廷允許各公使館守備隊可駐守在清廷領地上。俄羅斯見機不可失，乃實質性地佔領了滿州，並主張對該地擁有獨佔權。朝鮮與滿州陸路相連，日本擔心其之於朝鮮半島的既得權益受到威脅，乃試變更其與俄羅斯之間的協調策略。日本朝野有所謂「日俄協商論」的構想，抑或試透過日英同盟防止俄羅斯覬覦朝鮮權益的發想。然而，眼見日英同盟締結之後，俄羅斯在滿州地區仍不斷增加兵員，明治日本在與俄羅斯交涉之餘，一邊已開始為開戰預做準備。此即當時的外相陸奥宗光（1844-1897）在其回憶錄《蹇蹇録》中之所言，以軍事制先機，再輔以外交的基本方針。[3]值此之際，基督教傳道人內村鑑三與社會主義者幸德秋水、堺利彥等，乃高唱「非戰論」或「反戰論」。初起之際，日本國內輿論並不熱衷於戰爭，但曾幾何時，在「對俄同志會」的運作下，社會輿論逐漸朝往「開戰論」方向發展。一九〇四年（明治三十七年）二月日俄交涉決裂，相互宣戰。內村鑑三的這篇文章發表於日俄交涉階段，鑑於過去清日甲午戰爭的經驗，其之於戰爭的悔恨與隱憂一覽無疑。

而同一時期的福澤諭吉亦抱持相同心情，一九〇〇年（明治三十三年）便在門生協助下完成《修身要領》。當初，福澤諭吉在一八九四年（明治二十七年）七月，甲午開戰後不久，便曾以〈日清の戦争は文野の戦争なり〉為題，投書於《時事新報》，而日本在甲午戰役中獲勝，福翁更以「空前の一大快事」自栩。畢竟這是福澤諭吉自壯年以來，以洋學為治學目標，且不顧毀譽批判古學，苦口婆心地強調，唯西洋的文明主義乃今後日本立國之本的明證。福澤諭吉寫給同鄉前輩山口廣江的信中，述說自己長久以來的委屈，而如今戰事的結果證明自己的真知灼見，愉快之情實以喜出望外，才足以形容。[4]然而，其後的福澤諭吉卻為了日本社會的一股好戰熱潮而深感不安，同時在世界性社會主義風潮下，人心向背之躁進、漫論更讓福翁倍感憂心，而這也是福澤諭吉其後督促門下弟子小幡篤次郎、門野幾之進、鎌田榮吉、日原昌造、石河幹明、土屋元作，及其長男福澤一太郎等協助編撰〈修身要領〉之緣由。

而內村鑑三的心情亦同，就在福澤諭吉辭世（一九〇一年）後翌年，內村針對日俄之間可能陷入戰爭的修羅場，而對日英同盟表達反對立場，並向社會大眾提出警訊，開始埋首於「無教會」活動；一九〇三年，同樣也是因日俄開戰而與任職的報社社長理念不合，內村鑑三除了繼續發表日俄非開戰、戰爭絕對反對等相關言論之外，更斷然請辭《萬朝報》客座社員身分，強烈表達絕對非戰立場。〈戦争廢止論〉原文附錄於後。

余は日露非開戦論者である許りでない、戦争絶対的廢止論者である、戦争は人を殺すことである、爾うして人を殺すことは大罪悪である、爾うして大罪悪を犯して個人も国家も永久に利益を収め得やう筈はない。

世には戦争の利益を説く者がある、然り、余も一時は斯かる愚を唱へた者である。然しながら今に至て其愚の極なりしを表白する、戦争の利益は其害毒を贖ふに足りない、戦争の利益は強盗の利益である、是れは盗みし者の一時の利益であつて、(若し之れをしも利益と称するを得ば)、彼と盗まれし者との永久の不利益である、盗みし者の道徳は之が為に堕落し、其結果として彼は終に彼が剣を抜て盗み得

しものよりも数層倍のものを以て彼の罪悪を償はざるを得ざるに至る、若し世に大愚の極と称すべきものがあれば、それは剣を以て国運の進歩を計らんとすることである。近くは其実例を二十七八年の日清戦争に於て見ることが出来る、二億の富と一万の生命を消費して日本国が此戦争より得しものは何である乎、僅少の名誉と伊藤博文伯が侯となりて彼の妻妾の数を増したることの外に日本国は此戦争より何の利益を得たか、其目的たりし朝鮮の独立は之がために強められずして却て弱められ、支那分割の端緒は開かれ、日本国民の分担は非常に増加され、其道徳は非常に堕落し、東洋全体を危殆の地位にまで持ち来つたではない乎、此大害毒大損耗を目前に視ながら尚ほも開戦論を主張するが如きは正気の沙汰とは迚も思はれない。

勿論サーベルが政権を握る今日の日本に於て余の戦争廢止論が直に行はれやうとは余と雖も望まない、然しながら戦争廢止論は今や文明国の識者の輿論となりつゝある、爾うして戦争廢止論の声の揚らない国は未開国である、然り、野蛮国である、余は不肖なりと雖も今の時に方て此声を揚げて一人なりとも多くの賛成者を此大慈善主義のために得たく欲ふ、世の正義と人道と国家とを愛する者よ、来て大胆に此主義に賛成せよ。

《万朝報》明治三十六年六月三十日

內村鑑三〈戰爭廢止論〉之內容，大要如下：

余不是僅止於日俄戰爭的非開戰論者，更是戰爭的絕對廢止論者。戰爭的行徑不只是殺人而已，更因殺人而犯下大罪，而無論是個人抑或是國家，犯下如此滔天大罪者終將無法坐收永久之利。

世間盡說戰爭之利者大有人在，而余一度亦曾是愚昧的主倡者之一。然而，如今則鄭重向社會大眾承認自己當時的思考實在愚蠢至極。戰爭利益的荼毒是難以贖償的，畢竟戰爭的利益一如強盜的利益，仰賴戰爭僅能獲取一時之利（倘若戰爭的獲勝亦可稱得上是利益的話），戰爭及其被盜者的確可能陷入永遠的不利之境，但盜人者卻是道德上的墜落，其後果則須付出比以刀劍盜人之罪惡數倍以上的代價。因此這世間若有稱得上是大愚者，那就是企圖以刀劍開發國運者莫屬了。最近的實例莫過於明治二七、二八年的日清戰爭，日本透過這場戰爭除了耗損兩億富源與一萬條生命之外，又獲得了什麼呢？不過是一點虛聲與伊藤博文伯爵的封侯罷了，而他又藉此添增妻妾；但日本則從這場戰爭獲取了什麼利益？戰爭初起之目的是讓朝鮮獨立，但卻因此既無強化朝鮮獨立的可能，反而是弱化了朝鮮的獨立；當朝鮮不再與清廷連動之後，反而增加了日本國民的負擔，更導致國民道德的墜落，而讓東洋社會陷入危殆處境！眼見這種大毒害與大損耗正在醞釀，社會依舊一副正氣凛然地主張開戰論，真是令人難以想像。

今天的日本是刀刃（sabel）掌控著政權，余不敢奢望戰爭廢止論能被接納，然而戰爭廢止論卻逐漸成為當今文明國有識者的輿論，無法有效打開戰爭廢止論聲音的國家則是未開國的表徵。為了這種大慈善主義，即使身處野蠻國度，余雖不肖，值此之際仍期待成為戰爭廢止論發聲的第一人，希望能出現更多的贊成者，更盼望世間熱愛正義、人道與國家者，亦能大膽站出來接受這項主張。

年表

西曆	日本曆	本書重要知識人之大事紀要	海內外情勢大要
1835	天保5	12月12日，福澤諭吉出生於大坂中津藩藏屋敷（西曆1835年1月10日）。	
1836	天保7	6月，福澤諭吉父親百助死去，舉家搬回中津。	
1854	安政1	2月，福澤諭吉有志修習蘭學，而前往長崎。	日美和親條約簽訂
1855	安政2	3月，福澤諭吉進入大坂緒方洪庵「適塾」學習，成為門生。	

年	年號	事蹟	時事
1856	安政3	9月，福澤諭吉繼承家業，成為家督。	
1858	安政5	10月，福澤諭吉在江戶築地鐵砲洲設立蘭學塾。	日美修好通商條約簽訂
1859	安政6	福澤諭吉往英學轉向。	
1860	萬延1	1至5月期間，福澤諭吉伴隨遣美使節，前往美國；被幕府任命為「外國奉行」。	櫻田門外之變
1861	文久1	福澤諭吉與土岐錦小姐結婚。 內村鑑三出生於江戶（同3月23日），上州高崎藩士內村宜之的長子。	美國南北戰爭（1861-1865）
1862	文久2	福澤諭吉從前一年的12月開始，整年度皆伴隨遣歐使節前往歐洲各國參訪。 9月，新渡戶稻造出生於盛岡，盛岡藩士新渡戶十次郎的三男。	

1866	慶應2	福澤諭吉出版《西洋事情》一書。	
1867	慶應3	1至6月期間，福澤諭吉伴隨遣美使節赴美。	大政奉還、王政復古
1868	明治1	4月，福澤諭吉把築地的蘭學塾搬遷至芝新錢座，正式命名為「慶應義塾」；8月，福澤諭吉辭去幕臣一職。	戊辰戰爭 公告五條誓文 停止西教禁制
1869	明治2	福澤諭吉出版《世界國盡》一書。	
1871	明治4	3月，福澤諭吉把「慶應義塾」搬遷至三田。 新渡戶稻造上京，成為叔父太田時敏的養子，改姓太田。	廢藩置縣
1872	明治5	福澤諭吉出版《學問之勸》。	11月，採行太陽曆

1873	明治6	福澤諭吉成立「明六社」，並擔任社長。 3月，內村鑑三進入東京「有馬英學校」就讀。	
1874	明治7	福澤諭吉首次舉辦三田演說會。 3月，內村鑑三進入「東京外國語學校」就讀。	1月，板垣退助等民權論者提出〈民撰議院設立建白書〉
1875	明治8	福澤諭吉出版《文明論之概略》。 新渡戸稻造進入東京英語學校就讀。	11月，新島襄創立同志社
1877	明治10	西南戰爭之後，福澤諭吉的《明治十年丁丑公論》脫稿。 9月，內村鑑三進入札幌農學校就讀；12月，在「信耶穌的誓約」上署名。 新渡戸稻造進入札幌農學校就讀。	西南戰爭（同2至9月）

1878	明治11	12月，福澤諭吉當選東京府會議員；並出版《通俗民權論》與《通俗國權論》二書。 6月，內村鑑三受洗，洗禮名為Jonathan（ヨナタン）。	自由民權運動勢力高漲
1879	明治12	1月，福澤諭吉擔任東京學士會院初代會長；並發表《國會論》與《民情一新》二書。	
1880	明治13	1月，福澤諭吉成立「交詢社」。	日譯新約聖經完成。
1881	明治14	福澤諭吉出版《時事小言》。 7月，內村鑑三以優異成績畢業於農學校，畢業演講是「漁業もまた学術の一なり」；同年擔任開拓使御用掛。 新渡戸稻造畢業於札幌農學校，任職開拓使御用掛。	明治十四年政變；自由黨結成。

1882	明治15	福澤諭吉出版《帝室論》一書；3月，創刊《時事新報》。 內村鑑三父親宜之亦受洗。	立憲改進黨結成；壬午事變。
1883	明治16	福澤諭吉出版《學問之獨立》。 內村鑑三與友人協力創設「札幌獨立教會」；辭官上京；5月，在全國基督信徒大親睦會發表演說，主題是「天空的飛鳥與野地的百合」；5至10月，擔任津田仙「學農社」講師；12月，前往農商務省水產課勤務。 新渡戶稻造進入東京大學就讀。	
1884	明治17	朝鮮甲申事變時，福澤諭吉奧援金玉均。 新渡戶稻造前往美國約翰·霍普金斯大學（Johns Hopkins University）留學。 3月，內村鑑三與淺田タケ結婚；10月，解除婚約；11月，以私費前往美國。	清法戰爭、甲申事變 6月，進入鹿鳴館時代

1885	明治18	3月，福澤諭吉發表「脫亞論」。 1月，內村鑑三在美國Erwin精神病院擔任看護；4月，長女ノブ出生；6月，在華盛頓與D.C.Bell認識，成為終生的好友；7月，離職Erwin精神病院；8月，滯留於Gloucester；9月，進學Amherst大學成為選科生。	12月，近代日本內閣制度上路
1886	明治19	福澤諭吉出版《男女交際論》一書。 3月，受到學長的感化與助言，體驗「回心」。	5月，第一次條約改正會議
1887	明治20	內村鑑三畢業於Amherst大學，獲取理學士（B.S）；9月，進入Hartford神學校就讀。 新渡戶稻造擔任札幌農學校助教；同年，前往德國留學。	日譯舊約聖經出版 2月，德富蘇峰創刊《國民之友》 12月，公告保安條例

1888	明治21	福澤諭吉出版《尊王論》。 1月，內村鑑三從神學院退學；5月，歸國；9月，前往新潟北越學館赴任；12月，因與宣教師團衝突而歸京。	4月，設置樞密院
1889	明治22	9至10月期間，福澤諭吉在京阪一帶家族旅遊。其後直至1897年為止，經常前往京阪與山陽一帶旅行。 內村鑑三分別在東洋英和學校、東京水產傳習所、明治女學校任教；7月，與橫濱加壽子成婚。 新渡戶稻造因長兄過世，為繼承家業，回復舊姓新渡戶。	2月，《大日本帝國憲法》發布
1890	明治23	1月，福澤諭吉的「慶應義塾」設置大學部。 內村鑑三任職第一高等中學校囑託教員。	10月，〈教育勅語〉發布 11月，「帝國議會」開議

1891	明治24	福澤諭吉《瘠我慢の說》脫稿。 1月，內村鑑三引發第一高等中學校的不敬事件，生活經濟陷入困境；4月，妻子加壽子逝世。 新渡戶稻造成為札幌農學校教授；與Mary Patterson Elkinton（新渡戶萬里子）女士結婚。	
1892	明治25	11月，福澤諭吉協助北里柴三郎成立傳染病研究所。 9月，內村鑑三前往大阪泰西學館赴任；12月，與岡田シズ再婚。	11月，黑岩淚香創刊《萬朝報》

1893	明治26	福澤諭吉出版《實業論》。 2月，內村鑑三發表《基督信徒の慰》、《コロムブスと彼の功績》；3月，發表〈給文學博士井上哲次郎君的公開信（文学博士井上哲次郎に呈する公開狀）〉、辭任泰西學館的職務；4月，前往熊本英學校赴任；8月，向熊本英學校請辭，移居京都，為謀生活而埋頭寫作；8月，發表《求安錄》；12月，發表《路得記》。 1月，矢內原忠雄出生於愛媛縣。	4月，井上哲次郎發表《教育と宗教の衝突》

1894	明治27	福澤諭吉為日清戰爭而捐出日幣一萬圓。 2月，內村鑑三發表《傳道の精神》；5月，發表《地理學考》（其後原標題改為《地人論》）；7月，在箱根的第六回夏期學校演講，講題是「後世への最大遺物」；8月，發表〈流竄錄〉、〈Justification of the Corean War〉；9月，發表〈日清戰爭の義〉；10月，發表〈日清戰爭の目的如何〉；11月，發表〈Japan and the Japanese〉（其後標題改為〈Representative men of Japan〉）。 新渡戸稻造設立遠友夜學校，協助勞動青少年有就學機會。	8月，日清甲午戰爭
1895	明治28	5月，內村鑑三發表〈How I became a Christian〉；7月，發表〈何故に大文学は出ざる乎〉；10月，發表〈如何にして大文学を得ん乎〉。	4月，日清講和條約簽訂；俄、德、法三國干涉

1896	1897	1898
明治29	明治30	明治31
7月，內村鑑三在箱根夏季學校講讀Thomas Carlyle；8月，發表〈時勢の觀察〉；9月，成為名古屋英和學校教師；12月，出版《警世雜著》。	福澤諭吉出版《福翁百話》。 1月，內村鑑三擔任日刊《萬朝報》英文欄主筆，前往東京；6月，出版《後世への最大遺物》；7月，出版《英和對照愛吟》。	9月，福澤諭吉因腦溢血發作；同年《福澤全集》全五卷出版。 1月，內村鑑三進行「月曜講演」；3月，出版《月曜講演》（其後改名為〈宗教と文學〉）；5月，退出《萬朝報》社；6月，創刊《東京獨立雜誌》並擔任主筆；10月，出版《小憤慨錄》。
	改朝鮮國號為「大韓帝國」 10月，實施金本位制，產業資本主義確立	憲政黨內閣成立 廢止保安條例

1899	明治32	福澤諭吉出版《福翁自傳》、《女大學評論・新女大學》二書。 5月，內村鑑三發表《外國語の研究》；7月，被委託擔任私立女子獨立學校校長；9月，辭任校長一職，改調角筈女子獨立學校；11月，發表《英和時事會話》。 新渡戸稻造獲取博士學位，成為日本史上第一位農學博士。	5月，義和團事件 7月，實施改正條約，撤廢治外法權
1900	明治33	2月，福澤諭吉發表〈修身要領〉。 4月，內村鑑三出版《宗教座談》；7月，《東京獨立雜誌》廢刊、第一回夏期講談會在角筈女子獨立學校舉辦；9月，創刊《聖書之研究》；10月，出版《興國史談》、以客員身分重新進入《萬朝報》社服務。 新渡戸稻造在美國出版《*Bushido: The Soul of Japan*》。	立憲政友會成立 2月，足尾銅山環安事件，警民衝突 3月，公告治安警察法

1901	明治34	2月3日，福澤諭吉因腦溢血逝世。 3月，內村鑑三創刊《無教會》；4月，為足尾礦毒事件奔走；6月，出版《獨立雜誌》；7月，與黑岩淚香等組織「理想團」，推動社會改良運動；第二回夏期講談會在角筈舉辦。 新渡戶稻造接受民政長官後藤新平邀約，成為臺灣總督府技師，為臺灣製糖業提出針貶。	9月，植村正久與海老名彈正開始神學論爭
1902	明治35	2月，內村鑑三反對締結日英同盟，並向社會大眾提出警告；5月，出版《獨立清興》；7月，第三回夏期講談會在角筈舉辦；9月，開始每週日一次在自宅舉行的角筈聖經研究會	1月，日英同盟締結；西伯利亞鐵道開通

年	年號	內村鑑三、新渡戸稲造相關	時事
1903	明治36	6月，內村鑑三發表日俄非開戰論、戰爭絕對反對論；10月，請辭《萬朝報》社的客座社員身分。新渡戸稲造兼任京都帝國大學法科大學教授。	
1904	明治37	8月，內村鑑三出版《角筈聖書ヨブ記註解1》；11月，母親ヤソ永眠。	2月，日俄戰爭
1905	明治38	2月，內村鑑三出版《基督教問答》；6月，《聖書之研究》改名為《新希望》（翌年又復名），在各地廣設「教友會」；會誌發刊。	9月，日俄講和條約簽訂
1906	明治39	1月，內村鑑三因不明原因而倒臥在床。新渡戸稲造獲取法學博士；並擔任第一高等學校校長，兼東京帝國大學農科大學教授。	11月，南滿州鐵道株式會社成立

1907	明治40	4月，內村鑑三父親宜之永眠；11月，從角筈搬遷至柏木。	
1908	明治41	6月，內村鑑三出版《よろづ短言》、與今井館開館式合辦《聖書之研究》第一百號紀念感謝會。	
1909	明治42	1月，內村鑑三出版《櫟林集》；10月，成立「柏會」；11月，出版《歡喜と希望》。新渡戶稻造辭退農科大學教授職務，改聘為兼任東京帝國大學法科大學教授。	10月，伊藤博文在哈爾濱遭暗殺
1910	明治43	3月，內村鑑三出版《近代における科学思想の変遷，一名新科学の福音》。矢內原忠雄進入第一高等學校就讀，師事校長新渡戶稻造。	4月，《白樺》創刊 5月，大逆事件 8月，韓國合併

1911	明治44	7月，內村鑑三出版《洪水以前記》；12月，成立「白雨會」。新渡戸稻造以交換教授身分，前往美國授課，是日本史上最初的交換教授。矢內原忠雄進入內村鑑三門下。	
1912	明治45 大正元	1月，內村鑑三愛女ルツ子永眠，內村確信復活信仰；7月，出版《獨立短言》。	12月，第一次護憲運動
1913	大正2	2月，內村鑑三出版《所感十年》、《デンマルク国の話》；5月，反對美國的排日法案，批判美國；10月，今井館付屬聖書講堂落成式；12月，出版《研究十年》。矢內原忠雄畢業於第一高等學校，前往東京帝國大學法科大學政治學科進學。	5月，美國加州排日土地法案成立

1914	大正**3**	4月，內村鑑三出版《平民詩人》；7月，出版《宗教と現世》；10月，透過演講，再談非戰論；12月，出版《感想十年》、《舊約十年》。	7月，第一次世界大戰 8月，日本參戰 9月，山東出兵 10月，佔領南洋諸島
1916	大正**5**	6月，內村鑑三出版《傳道の書》，「柏會」解散；8月，出版《復活と來世》；10月，成立「エマオ會」。	
1917	大正**6**	8月，內村鑑三出版《復活と來世》；10月，在神田YMCA講堂舉辦路德宗教改革四百年紀念演講會，講題是「宗教改革の精神」。 矢內原忠雄畢業於東京帝國大學，任職於住友總本店別子礦業所，與西永愛子結婚。	4月，美國參戰 俄羅斯二月革命、十月革命

1918	大正7	1月，基督再臨運動開始；9月，「東京教友會」、「エマオ會」、「白雨會」三者合併，結成「柏木兄弟團」；11月，內村鑑三《基督再臨問題講演集》出版。 新渡戶稻造擔任東京女子大學首任校長。	8月，米騷動波及全國 11月，第一次世界大戰結束
1919	大正8	4月，內村鑑三透過演講「人類最初の平和會議」，批判凡爾賽會議；5月，發表〈基督教界革正大演說會〉、《內村全集》第一卷發行並絕版；9月，「聖書演講會」改稱為「東京聖書研究會」。	6月，凡爾賽條約簽訂
1920	大正9	3月，內村鑑三助理藤井武獨立；9月，內村鑑三出版《モーセの十誡（摩西的十戒）》。 新渡戶稻造就任國際聯盟事務局次長。 矢內原忠雄成為東京帝國大學經濟學部副教授，負責「植民政策講座」；並前往歐美留學，停留國家包括英、德、法、美等國。	1月，日本正式加入國際聯盟 3月，歐戰之後的恐慌

1921	大正10	1月，內村鑑三針對羅馬書連續開講，韓國無教會派基督教指導者金教臣亦出席；3月，出版《婚姻の意義》；5月，美籍宣教士Merriman Colbert Harris去世；7月，美籍好友D.C. Bell來日；6月，出版《ルーテル伝講演集》；12月，解散柏木兄弟團。矢內原忠雄出版《基督者の信仰》。	11月，首相原敬遭暗殺
1922	大正11	1月，內村鑑三與藤井和解、舉辦ルツ永眠十周年紀念會；5月，出版《英和獨語集Alone with God and Me》；9月，「東京聖書研究會」改名為「內村鑑三聖書研究會」；10月，創設世界傳道協贊會；11月，出版《ダニエル書の研究（但以理書之研究）》。	2月，華盛頓軍縮會議九國條約簽訂

1923	大正12	7月，內村鑑三為「白樺」派文學家有島武郎的自殺而憤慨；9月，關東大地震導致衛生會講堂燒失，聖書研究會移至柏木舉行。矢內原忠雄回國，升等為教授，妻愛子去世。	6月，有島武郎自殺 9月，關東大地震
1924	大正13	1月，今井館附屬聖書講堂改建完成；6月，內村鑑三參與美國排日移民法反對運動；出版《羅馬書の研究》；同年，韓國基督教思想家咸錫憲加入內村門下。 矢內原忠雄與堀惠子再婚。	1月，第二次護憲運動 5月，美國排日移民法成立
1925	大正14	7月，舉辦內村鑑三《聖書之研究》三百號紀念感謝會。 矢內原忠雄成立「帝大聖書研究會」。	4月，治安維持法公告 5月，廢止陸軍四個師團

1926	大正15	3月，內村鑑三英字雜誌《*The Japan Christian Intelligencer*》創刊（1928年2月停刊）；4月，出版《ガラテヤ書の精神（加拉太書的精神）》；10月，出版《一日一生》。 新渡戸稻造就任貴族院議員。 矢內原忠雄出版《植民及植民政策》。	7月，廣播放送開始
1927	昭和2	2月，內村鑑三表達反對宗教法案立場；9月，前往札幌傳道；11月，出版《空の空なる哉》。 矢內原忠雄出版《植民政策の新基調》。	3月，日本金融恐慌 6月，日內瓦海軍軍縮會議（8月，會議決裂）

年份	年號		
1928	昭和3	6月，內村鑑三受洗50年紀念，時年68歲；與同窗新渡戶稻造、土木技師廣井勇等前往衛理公會系統（Methodism）美籍宣教士Merriman Colbert Harris青山墓園參拜；支援札幌獨立基督教會傳道；12月，出版《十字架の道》。 矢內原忠雄出版《帝國主義下の台湾》；開始家庭聚會。	2月，首次舉辦普通選舉 3月，共產黨大檢舉 6月，張作霖炸死事件、治安維持法改正強化
1929	昭和4	12月，1924年以來擔任內村鑑三聖書研究會助理塚本虎二獨立。	4月，共產黨大檢舉 10月，世界經濟大恐慌
1930	昭和5	4月，內村鑑三永眠、《聖書之研究》永久停刊。 矢內原忠雄發表演講，講題是「內村鑑三對社會主義」。	2月，第二回普通選舉；4月，倫敦海軍軍縮條約簽訂 11月，濱口雄幸首相遭狙擊負傷 無教會傳道者藤井武去世

1932	昭和7	矢內原忠雄出版《マルクス主義とキリスト教》；滿州旅行途中，所乘坐之列車遭襲擊；創刊個人誌《通信》（-1937）。	7月，德國總選舉結果，納粹成為第一大黨 8月，荷蘭阿姆斯特丹召開世界反戰大會
1933	昭和8	8月，新渡戶稻造以日本代表出席加拿大班芙（Banff）太平洋會議；10月15日（日本時間16日），在維多利亞市去世。 矢內原忠雄演講「悲哀の人」，探討「日本精神の懐古的と前進的」；開始主持自由が丘聚會（或稱日曜家庭聚會）。	1月，希特勒內閣成立 10月，德國退出軍縮會議與國際聯盟 11月，美國承認蘇聯
1934	昭和9	矢內原忠雄出版《滿州問題》。	9月，蘇聯加入國際聯盟
1935	昭和10	矢內原忠雄出版《南洋群島の研究》。	8月，中共發表「抗日救國宣言」

1936	昭和11	矢內原忠雄出版《民族と和平》。	7月，二・二六事件 12月，西安事件
1937	昭和12	矢內原忠雄發表演講「神の國」，傳達「國家の理想」。	2月，國共合作提案 7月，中日戰爭爆發 12月，日本退出國際聯盟
1938	昭和13	矢內原忠雄創刊個人誌《嘉信》(~1961)；翻譯Dugald Christie《奉天三十年》。	5月，毛澤東發表「持久戰論」 12月，汪兆銘離開重慶
1940	昭和15	矢內原忠雄出版《余の尊敬する人物》，前往朝鮮進行演講旅行。	3月，國民政府宣告遷都南京
1941	昭和16	矢內原忠雄發表演講「基督教と日本」。	太平洋戰爭爆發

年	年號	矢內原忠雄	世界大事
1945	昭和20	矢內原忠雄復歸東京帝國大學教授職務；發表演講「日本精神への反省」、「平和國家論」。	2月，英美蘇召開雅爾達會議，確立蘇聯的對日參戰 8月，終戰，太平洋戰爭結束
1946	昭和21	矢內原忠雄的「日曜聖書講義」會場移至今井館；「帝大聖書研究會」再開；出版《日本精神と平和國家》。	1月，天皇發表「人間宣言」 3月，英國邱吉爾首相在美國發表「鐵幕」一語
1948	昭和23	矢內原忠雄擔任東京大學經濟學部長。	8月，大韓民國、朝鮮民主主義人民共和國，分別成立

1949	1950	1951
昭和24	昭和25	昭和26
矢內原忠雄擔任東京大學教養學部長；為天皇進講。	矢內原忠雄出版《講和問題と平和問題》。	矢內原忠雄擔任東京大學總長。
1月，聯合國總會決議不介入中國內戰 4月，國共和平會議以決裂收場 12月，中華人民共和國成立，國民政府播遷臺灣	2月，中蘇友好同盟相互援助條約簽訂 6月，朝鮮戰爭爆發	9月，舊金山對日講和會議 10月，日美相互安全保障法成立

1955	1957	1958
昭和30	昭和32	昭和33
矢內原忠雄東京大學總長連任。	矢內原忠雄東京大學總長任期滿了。	矢內原忠雄擔任學生問題研究所長。
4月，召開亞非會議 5月，華沙公約簽訂 7月，舉行日內瓦美英法蘇四國巨頭會談	2月，歐洲六國首相決議成立歐洲經濟共同市場（EEC） 10月，蘇聯成功發射人造衛星	1月，美國成功發射人造衛星 8月，國共八二三砲戰

1961	昭和36	矢內原忠雄因病去世；《家信》終刊。	4月，蘇聯送衛星Восток到外太空 7月，蘇聯、中國分別與北韓簽訂友好協力相互援助條約

（本表為作者整理，資料來源：東京學藝大學日本史研究室《日本史年表》、拙作《福澤諭吉與『學問之勸』》、赤江達也《矢內原忠雄：戰争と知識人の使命》、關根正雄《內村鑑三：人と思想》、「新渡戶稻造略歷」（新渡戶紀念館）等）

延伸閱讀

- ▲山本博文《武士道・新渡戸稲造：日本的思考の根源を見る》NHK出版，二〇一二年。
- ▲赤江達也，《「紙上の教会」と日本近代：無教会キリスト教の歴史社会学》岩波書店，二〇一三年。
- ▲赤江達也，《矢内原忠雄：戦争と知識人の使命》岩波書店，二〇一七年。
- ▲林呈蓉，《近代國家的摸索與覺醒：日本與臺灣文明開化的進程》吳三連臺灣史料基金會，二〇〇五年。
- ▲林呈蓉，《福澤諭吉與『學問之勸』》五南圖書出版股份有限公司，二〇一七年。
- ▲若松英輔，《内村鑑三・代表的日本人：永遠の今を生きる者たち》NHK出版，二〇一七年。
- ▲若松英輔，《内村鑑三：悲しみの使徒》岩波書店，二〇一八年。

▲新保裕司，《内村鑑三》文芸春秋，二〇一七年。
▲新渡戸稲造著，矢内原忠雄譯，《武士道》，一九八七年。
▲新渡戸稲造，斎藤孝監修，《一分間武士道》SBクリエティブ株式会社，二〇一七年。
▲関根正雄，《内村鑑三：人と思想25》清水書院，一九六七年。
▲鄭睦群《從大中華到臺灣國：臺灣基督教長老教會的國家認同及其論述轉換》國史館、政大出版社，二〇一七年。

註釋

前言

1. 米原謙《德富蘇峰：日本ナショナリズムの軌跡》（中央公論社，東京）二〇〇三年，頁一二〇。
2. 西南戰爭或稱西南之役，起於一八七七年（明治十年），以西鄉隆盛為核心，引導今日本熊本縣、宮崎縣、大分縣與鹿兒島縣等舊士族武力反亂。
3. 參照小泉信三，《福澤諭吉》（岩波書店，東京）一九八六年，頁一七六；慶應義塾大學「慶應義塾豆百科」網頁No.39「慶應義塾維持法案」，網址：https://www.keio.ac.jp/ja/about/history/encyclopedia/39.html，二〇二〇年六月引用。
4. 小泉信三，《福澤諭吉》，頁一七六。
5. 一八七一年（明治四年）的「廢藩置縣」即明治政府意圖建構一個統合的近代國家，而修訂傳統的封建行政體系，下令停止過去地方諸藩之運作，改由中央政府管下的「府」、「縣」政廳對地方進行一元化統治。
6. 因北海道開拓使長官黑田清隆意圖將北海道相關官營事業釋出，卻被媒體披露將獨厚同鄉的政商五代友厚，且以超乎常理的低利釋出，輿論譁然，臨時中止釋出作業。

7. 田中彰，《小國主義：日本の近代を読みなおす》（岩波書店，東京）一九八六年，頁五十七至五十八。

8. 小泉信三，《福澤諭吉》，頁一六六至一六七。

9. 小泉信三，《福澤諭吉》，頁一六九。

10. 小泉信三，《福澤諭吉》，頁一七五。

11. 許國雄，〈日本は本当に素晴らしい国だった〉，参考松山昭彦の部落格「さくらの花びらの『日本人よ、誇りを持とう』」，網址：https://blogs.yahoo.co.jp/bonbori098/30733497.html，二〇一八年三月引用。

12. 參照《株式会社平凡社世界大百科事典》第二版「教育勅語」，網址：https://kotobank.jp/word/%E6%95%99%E8%82%B2%E5%8B%85%E8%AA%9E-52408，二〇二〇年六月引用。

13. 參照《小學館日本大百科全書（ニッポニカ）》「武士道」，網址：https://kotobank.jp/word/%E6%AD%A6%E5%A3%AB%E9%81%93%28%E6%AD%A6%E5%A3%AB%E3%81%AE%E9%81%93%E7%BE%A9%E7%9A%84%E7%B2%BE%E7%A5%9E%29-1587681#E6.97.A5.E6.9C.AC.E5.A4.A7.E7.99.BE.E7.A7.91.E5.85.A8.E6.9B.B8.28.E3.83.8B.E3.83.83.E3.83.9D.E3.83.8B.E3.82.AB.29，二〇二〇年六月引用。

14. 明治十四年（一八八一年）十月，自由民權運動高昂，國會開設派參議大隈重信及其支持者遭伊藤博文等從政府中樞追放的事件。政府中止開拓使官有物釋出，同時約定10年後開設國會。明治政府的薩長藩閥體制於焉確立。參照三省堂，《大辭林》，見「weblio辭書」，網址：https://www.weblio.jp/content/%E6%98%8E%E6%B2%BB%E5%8D%81%E5%9B%9B%E5%B9%B4%E3%81%AE%E6%94%BF%E5%A4%89，二〇二〇年六月引用。

15. 明治初期，反對藩閥專制政治，要求國會開設、憲法制定的政治運動。一八七四年（明治七年），板垣退助等要求民撰議院設立，以國會期成同盟為中心開始普及於日本。參照三省堂《大辭林》，見「weblio辭書」，網址：https://www.weblio.jp/content/%E8%87%AA%E7%94%B1%E6%B0%91%E6%A8%A9%E9%81%8B%E5%8B%95，二〇二〇年六月引用。

16. 參照《人權啓発用語辭典》解説，見「weblio辭書」，網址：https://www.weblio.jp/content/%E8%87%AA%E7%94%B1%E6%B0%91%E6%A8%A9%E9%81%8B%E5%8B%95，二〇二〇年六月引用。

17. 小泉信三，《福澤諭吉》，頁一五七。原文如後：「蓋し内国に在て民権を主張するは、外国に対して国権を張らんが為なり」。

18. 小泉信三，《福澤諭吉》，原文如後：「国の恥辱とありては日本国中の人民一人も残らず命を棄てで国の威光を落とさざるこそ、一国の自由独立と申すべきなり」。

19. 收錄於時事新報社編，《福澤全集》第五卷（國民圖書株式會社，東京），一九二六年，頁一〇四。原文如後：「小は人生一身の本分を達し、大は独立一国の権を興張せんこと」。

20. 參照松永昌三，《福澤諭吉と中江兆民》（中央公論新社，東京）二〇〇一年，頁一五九。原文如後：「わが日本の外国交際法は、最後に訴うるところを戰争と定め、戰えば頑固強情にして容易に兵を解かず、幾月も幾年も持続して双方艱難に堪うるの度を競うの一法あるのみ」。（《通俗國權論》第四章，慶應義塾出版社，一八七八年，頁一〇七。）網址：https://books.google.com.tw/books?id=DQ1KAAAAIAAJ&printsec=frontcover&dq=%E9%80%9A%E4%BF%97%E5%9B%BD%E6%A8%A9%E8%AB%96&hl=zh-TW&sa=X&ved=0ahUKEwjY382L_9_UAhWIp5QKHVAACWEQ6AEIJzAA#v=onepage&q=%

E9%80%9A%E4%BF%97%E5%9B%BD%E6%A8%A9%E8%AB%96&f=false，二〇二〇年六月引用。

21. 松永昌三，《福澤諭吉と中江兆民》，頁一六〇。

22. 松永昌三，《福澤諭吉と中江兆民》，頁一五三。

23. 福澤諭吉，〈實學の必要〉，收錄於福澤諭吉《福翁百話》（時事新報社，東京）一八九七年，頁一一四。

24. 福澤諭吉，〈人事に學問の思想を要す〉，收錄於前揭《福翁百話》，頁一一三。

25. 拙著，《福澤諭吉與『學問之勸』》（五南圖書，臺北）二〇一七年，頁六十七至六十八。

26. 福澤諭吉，《學問のすすめ》〈初編〉（岩波書店，東京）二〇〇四年，頁十七。原文如後：「西洋の諺に愚民の上に苛き政府ありとはこの事あり」。

文明與野蠻的抉擇

1. 福澤諭吉，〈中津留別之書〉，收錄於《福澤諭吉選集》第九卷（岩波書店，東京）一九八一年。

2. 一八七一年明治政府為求行政一統化，改以府、縣替代過去的幕藩體制，稱之為「廢藩置縣」。

3. 參自宇野文夫，〈福澤諭吉の「獨立自尊」〉，「自在コラム」，網址：http://blog.goo.ne.jp/f-uno/e/30a1767f9cbd6d879d737bc5055c71d3，二〇二〇年六月引用。

4. 〈修身要領〉第二條，原文：「心身の独立を全うし自から其身を尊重して人たるの品位を辱めざるもの、之を独立自尊の人と云う。」
5. 西川俊作，《福澤諭吉の横顏》（慶應義塾大學出版會，東京）一九九八年，頁五。
6. 齋藤孝，《學問のすすめ》（NHK出版，東京）二〇一一年，頁十二至十四。
7. 今東京都中央區湊一丁目一帶之舊稱。
8. 齋藤孝，《學問のすすめ》，頁十四至十五。
9. 齋藤孝，《學問のすすめ》，頁四十九。
10. 福澤諭吉，《學問のすすめ》，頁十四。
11. 西川俊作，《福澤諭吉の横顏》，頁九至十。
12. 齋藤孝，《學問のすすめ》，頁十六。
13. 西川俊作，《福澤諭吉の横顏》，頁十。
14. 廣田昌希，《近代日本を語る：福沢諭吉と民衆と差別》（吉川弘文館，東京）二〇〇一年，頁二十六至二十九。
15. 松永昌三，《福澤諭吉と中江兆民》，頁一〇一。
16. 原文：「草昧不文の世に在ては、人を害せざれば自ら利すること能はず。故に心身活発にして事を成す者は常に盗賊なり。文明の世に於ては然らず。富貴利達を致す者は常に他人の利益を成したる者なり。」（《西洋事情》〈外編〉，頁三九九）
17. 松永昌三，《福澤諭吉と中江兆民》，頁一〇九。
18. 松永昌三，《福澤諭吉と中江兆民》，頁一〇五。
19. 福澤諭吉，《西洋事情》〈外編〉，頁四一三。
20. 松永昌三，《福澤諭吉と中江兆民》，頁一〇六。

21. 龜井俊介譯，《內村鑑三英文論說翻譯編・上》（岩波書店，東京）一八九四年，頁一二七至一二八。參照礫川全次部落格，網址如下：〈敗金宗の結果〉（《萬朝報》一八九七年五月九日）http://blog.goo.ne.jp/514303/e/7ab50c3dbd4676e018641f333a356616，二〇二〇年六月引用。〈銭の外に名誉あり〉（《時事新報》一八九七年五月十二日）http://blog.goo.ne.jp/514303/e/fbe9454e4f8ab23d6210cd68c4fbb8ba，二〇二〇年六月引用。

22. 松永昌三，《福澤諭吉と中江兆民》，頁一〇七；原文：「各国戰争の原因を絶つは貿易の法を寛にするに在り。」（《西洋事情》〈外編〉，頁四一四）。

23. 「政治の目的は国民の最大多数をして最大幸福を得せしむるに在り。」（〈施政邇言〉，《時事新報》一八八八年一月五日）。

24. 原文：「清貧を安んずと云ひ、苦節を守ると云ひ、其名は甚だ美なるが如しと雖も、未だ一家の計を成し能はずして徒に空論を唱ふるが如きは経世経国の実際に何を益する所もなかる可し。」（〈新旧両主義〉《時事新報》一八九三年六月九日）

25. 原文：「西洋諸国は銭の世の中にして、銭さへあれば有形肉体の快楽を買ふ可きは無論、尚ほ此外に無形の栄誉体面なるものありて、苟も富有の人あれば社会の尊敬する所と為りて声望甚だ高く、其富豪の大なる者に至りては王公貴人も容易に之を交はるを得ず。」

26. 松永昌三，《福澤諭吉と中江兆民》，頁七十七至八十。

27. 慶應義塾位於今東京都港區三田二丁目15-45。

28. 西川俊作，《福澤諭吉の横顏》，頁二六四。

29. 西川俊作，《福澤諭吉の横顏》，頁二六一。
30. 永田守男，《福澤諭吉の「サイアンス」》（慶應義塾大學出版會，東京）二〇〇三年，頁一〇七。
31. 西川俊作，《福澤諭吉の横顏》，頁四。
32. 西川俊作，《福澤諭吉の横顏》，頁十二。
33. 西川俊作，《福澤諭吉の横顏》，頁十四至十五。
34. 松永昌三《福澤諭吉と中江兆民》，頁一一四。
35. 福澤諭吉著，松澤弘陽編《文明論之概略》（岩波文庫，東京），一九九五年，頁二九七。
36. 松永昌三《福澤諭吉と中江兆民》，頁一一五至一一六。
37. 松永昌三《福澤諭吉と中江兆民》，頁一二〇。
38. 福澤諭吉著，松澤弘陽編，《文明論之概略》，頁三〇一。
39. 原文：「天の人を生ずるや、開闢の始め、一男一女なるべし。（略）又男といひ女といひ、等しく天地間の一人にて軽重の別あるべき理なし。」（見福澤諭吉，〈中津留別の書〉，收錄於《福澤諭吉全集》第二十卷）。
40. 西川俊作，《福澤諭吉の横顏》，頁十九。
41. 西川俊作，《福澤諭吉の横顏》，頁十八。
42. 西川俊作，《福澤諭吉の横顏》，頁十九至二十；原文：「私事まいまい時事新報紙上にて日本婦人の為め先生が御高説を拝見致し、乍失礼私共の好き友とかげながら有難く御うれしくご慕わしく存居候折柄、（略）此の粗末なる花一枝先生の御霊前に御手向け被下度願上候（略）。」（《福沢先生哀悼録》，みすず書房，復刊一九八七年，頁二十七）。

43. 前掲西川俊作，《福澤諭吉の横顔》，頁二十。

44. 原文：「今日の謀りを為すに、我国は隣国の開明を待て共に亜細亜を興すの猶予ある可らず、寧ろ其伍を脱して西洋の文明国と進展を共にし、その支那朝鮮に接するの法も隣国なるが故ににとて特別の会釈に及ばず、正に西洋人が之に接するの風に従て処分可のみ。」（〈脱亞論〉《時事新報》，收錄於《福澤諭吉全集》第十卷，頁二四〇）。

45. 米原謙，《德富蘇峰：日本ナショナリズムの軌跡》，頁一五六。

開化之子的歧路

1. 赤江達也，《「紙上の教会」と日本近代：無教会キリスト教の歴史社会學》（岩波書店，東京）二〇一三年，頁x-xi。

2. 關根正雄，《内村鑑三》（清水書院，東京）二〇一七年，頁三。

3. 一八七七年（明治十年）以西鄉隆盛為中心所引發的一場士族反亂，稱為「西南戰爭」或「西南之役」，發生的場域以九州的熊本、鹿兒島、大分與宮崎等四縣為中心，雖是維新之後最大規模的反亂，但亦是最後一次舊士族階層對明治政府不滿的反撲。

4. 若松英輔，《内村鑑三》（岩波書店，東京）二〇一八年，頁七。

5. 夏目漱石，《こころ》，收錄於《日本の文學13》（中央公論，東京）一九六五年，頁三九七。

6. 《内村鑑三全集》第二十二卷（岩波書店，東京）一九八〇年，頁一六一至一六二。

7. 山本博文，《武士道：新渡戸稲造》（NHK出版，東京）二〇一二年，頁十。

8. 東京外國語學校乃舊制專門學校，成立於一八七三年；一九四四年改稱為「東京外事專門學校」，乃日本史上最早設立的官立外國語學校，或稱「語學校」、或稱「東京外語」。

9. 山本博文，《武士道：新渡戸稲造》，頁十三。

10. 位於群馬県渋川市，因溫泉名勝聞名。

11. 蒙特雷市位於加州中部太平洋海岸，在蒙特雷海灣（Monterey Bay）的南端。這裡距離舊金山約一二〇英哩。

12. 山本博文，《武士道：新渡戸稲造》，頁十四。

13. 新渡戸稲造著・矢内原忠雄譯，《武士道》（岩波書店，東京）一九八七年，頁十一。

14. 山本博文，《武士道：新渡戸稲造》，頁十六。

15. 新渡戸稲造著・矢内原忠雄譯，《武士道》，頁十一。

16. 新渡戸稲造，《農業本論》（裳華房，東京）一八九八年。

17. 日治時期，鑑於日、臺兩地的屬性不同，日本治理臺灣的基本策略，則定調為「工業日本，農業臺灣」，讓臺灣成為日本國內糧食及原料供應地，同時作為日本工業產品消費地，以厚植日本經濟實力。

18. 並松信久，《新渡戸稲造における地方学の構想と展開：農政学から郷土研究へ》，收錄於《京都産業大學論集：社會科學系列》二十八卷，二〇一一年，頁四十三。

19. 拙著，《近代國家的摸索與覺醒：日本與臺灣文明開化的進程》（吳三連史料基金會，臺北），二〇〇五年，頁四十五。

20. 拙著，《近代國家的摸索與覺醒：日本與臺灣文明開化的進程》，頁一〇四。

21. 並松信久，《新渡戸稲造における地方学の構想と展開：農政学から郷土研究へ》，頁四十四。

22. 並松信久，《新渡戸稲造における地方學の構想と展開：農政學から郷土研究へ》，頁七十九至八十。
23. 並松信久，《新渡戸稲造における地方學の構想と展開：農政學から郷土研究へ》，頁八十。
24. 杉浦洋一、John K. Gillespie共著，《日本文化を英語で紹介する事典》（ナツメ社，東京）二〇〇四年，頁二十五至二十六。
25. 關根正雄，《内村鑑三：人と思想》，頁五十九至六十。
26. 關根正雄，《内村鑑三：人と思想》，頁五十七。
27. 新保祐司，《内村鑑三》（文藝春秋株式會社，東京）二〇一七年，頁二八〇至二八一。
28. 新保祐司，《内村鑑三》，頁二八五。
29. 新保祐司，《内村鑑三》，頁二八四。
30. 新保祐司，《内村鑑三》，頁二八三。
31. 新保祐司，《内村鑑三》，頁二八五。
32. 赤江達也，《矢内原忠雄：戰爭と知識人の使命》（岩波書店，東京）二〇一七年，頁九八。
原文如後：「然るに国民の精神たるべき其基督教丈が外国人に依頼しなければならぬとならば、日本国は其最も深淵なる意味に於て独立国ではないのである。肉体は独立でも精神に於て依頼する人は奴隷である。制度文物に於ては独立で宗教に於て依頼する国は亡国である」。
33. 参照網站「内村鑑三の著作を現代訳する試み」，網址：http://green.ap.teacup.com/lifework/1314.html，二〇二〇年六月引用。

34. 若松英輔，《内村鑑三》，頁十。

35. 内村鑑三，〈武士道と基督教〉收錄於《内村鑑三全集》第三十一巻（岩波書店，東京）一九八〇，頁二九二至二九七。參照清教學園剣道部網站（SEIKYO GAKUEN KENDO CLUB WEBSITE）「内村鑑三全集より抜粋」，網址：http://www.seikyo.ed.jp/pre/contents/bukatsu/js_kendo/documents/uchimura.pdf，二〇二〇年六月引用。

36. 拙著，《日本史》（華立圖書股份有限公司，新北）二〇〇八年，頁二十二。

37. 拙著，《日本史》，頁四十八。

38. 拙著，《日本史》，頁五十四。

39. 拙著，《日本史》，頁六十六。

40. 拙著，《日本史》，頁一〇四至一〇五。

41. 拙著，《日本史》，頁六十六。

42. 内村鑑三，〈基督再臨を信ずるより来りし余の思想上の変化〉，收錄於鈴木範久編，《内村鑑三選集》第一巻（岩波書店，東京）一九九〇年，頁二〇九至二一三。

43. 關根正雄，《内村鑑三》，頁一二七。

44. 關根正雄，《内村鑑三》，頁六。

45. 關根正雄，《内村鑑三》，頁六至七。

46. 參見本書〈前言〉注1。

47. 關根正雄，《内村鑑三》，頁五十八。相關史料參考，〈憲法草案枢密院会議筆記〉，收錄於《枢密院会議議事録》第一巻，明治二十一年（一八八六年）六月十八日。

48. 矢内原忠雄，《私の歩んできた道》，頁五十九。

49. 赤江達也，《矢内原忠雄：戦争と知識人の使命》，頁vii。
50. 關根正雄，《内村鑑三》，頁一〇七。
51. 赤江達也，《「紙上の教会」と日本近代：無教会キリスト教の歴史社会学》，頁一〇〇至一〇一。
52. 關根正雄，《内村鑑三》，頁一〇八。
53. 田村直臣，〈わが見たる内村鑑三〉，收錄在鈴木範久編，《内村鑑三を語る》（岩波書店，東京）一九九一年，頁一四六。參考「GAIA」，網址：https://plaza.rakuten.co.jp/jifuku/diary/201503070003/，二〇二〇年六月引用。
54. 「ゼーレン・クリーケゴールドのごときは余輩の先導者と称すべ者」，若松英輔，《内村鑑三》，頁一五〇。
55. 赤江達也，《矢内原忠雄：戦争と知識人の使命》，頁八十九。
56. 赤江達也，《矢内原忠雄：戦争と知識人の使命》，頁九十一。
57. 關根正雄，《内村鑑三》，頁八十四至八十五。
58. 小泉信三《福澤諭吉》，頁一八〇。
59. 參照「慶應義塾豆百科」網頁No.41「留學生受け入れのはじめ」，網址：https://www.keio.ac.jp/ja/about/history/encyclopedia/41.html，二〇二〇年六月引用。
60. 小泉信三，《福澤諭吉》，頁一八一。
61. 一八八二年（明治十五年）在大院君的煽動下，朝鮮軍隊在漢城對閔妃政權與日本勢力進行大規模反亂，日本公使館遭受襲擊。最後，日朝簽訂《濟物浦條約》，朝鮮方面表示謝罪、金錢賠償，並同意日本公使館設置護衛兵。

62. 小泉信三，《福澤諭吉》，頁一八五至一八六；参照「福澤健全期《時事新報》社説・漫言一覧及び起草者推定」網站，網址：https://blechmusik.xii.jp/d/hirayama/the_newspaper_archives_and_conclusion_on_the_writer/#y1884，二〇二〇年六月引用。

63. 拙著，《福澤諭吉與『學問之勸』》，頁三十五至四十五。

64. 原文：「官民一致の勝利、愉快ともありがたいとも云うようがない。」参照《福翁自傳》，收錄在《福澤全集》（時事新報社）一八九七年，頁一六七。

65. 〈日清の戰争は文野の戰争なり〉《時事新報》一八九四年七月二十九日社論。参照《福澤諭吉年鑑》第三十二期（福澤諭吉協会）二〇〇五年，頁一〇四。

66. 關根正雄，《內村鑑三》，頁八十七。

67. 〈朝鮮政略〉《時事新報》一九八二年八月二至四日，原文：「乱民を制するは政府の責任なれども、力足らざるが故に我れより之を助るものなれば、日韓両政府の關係は之が為に毫も変動せざるのみならず、益親睦の情誼を増し、之を小にしては両国の交際を固くし、之を大にしては地球の一隅に固陋頑冥の空気を払ひ、共に文明の幸福を与にすることなれば、苟も朝鮮に關係ある諸外国も、我今回の此盛挙を賛成せざる者はなかる可し。」

68. 松永昌三，《福澤諭吉と中江兆民》，頁一九二。

69. 〈東洋の政略果して如何せん〉《時事新報》一八八二年十二月七至十二日。

70. 松永昌三，《福澤諭吉と中江兆民》，頁一九四至一九五。

71. 關根正雄，《內村鑑三》，頁八十七至八十八。原文：「亜細亜の日本に己に欧米的の憲法ありて自由は忠君愛国と共に併立し得べしとの証例を世界に挙げぬ。」（原文收錄於內村鑑三，《地人論》第九章）。

72. 〈日清戰争の義〉（Justification of the Corean War），刊載於《國民之友》明治二十七年九月三日，參照《內村鑑三著作集》第二卷。原文：「我々の目的はシナを警醒（迷いをさませる）させることにある。その天職を知らしむるにある。彼に我々と協力して東洋の改革に從事させるにある。我々は永久の平和を目的として戰うのである。」

73. 米原謙，《德富蘇峰：日本ナショナリズムの軌跡》，頁一二二。

74. 關根正雄，《內村鑑三》，頁八十九。

75. 德富蘇峰，《德富蘇峰集》（筑摩書房，東京）一九七四年，頁二四五。

76. 米原謙，《德富蘇峰：日本ナショナリズムの軌跡》，頁三十六至三十七。

77. 小泉信三，《福澤諭吉》，頁一九五。

78. 原文：「近くは国人が漫に外戰に熱して始末に困ることあるべし（明治三十年八月六日）」，參照加州大學藏，《福沢諭吉書簡集》第八卷（岩波書店，東京）二〇〇八年，頁四一八。

79. 田畑忍，〈內村鑑三の戰争と平和にかんする政治思想〉，收錄在《憲法改正論》（勁草書房）一九五四年，頁一。

80. 田畑忍，〈內村鑑三の戰争と平和にかんする政治思想〉，頁二。

81. 幸德秋水任職於《萬朝報》記者時代，加入「社會主義研究會」，繼而成立日本史上最初的社會主義政黨「社會民主黨」。其後因反對日俄戰爭，與《萬朝報》創辦人黑岩周六（涙香）理念不合，乃協同內村鑑三，堺利彥等人，一起退社。

82. 石坂浩一，〈朝鮮認識における幸徳秋水〉，收錄於《史苑》第四十六巻第1／2號，一九八七年，頁一四一。

83. 若松英輔，《內村鑑三》（岩波書店，東京）二〇一八年，頁一三六至一三七。

84. 關根正雄，《內村鑑三》，頁八十九。原文：「日本人の罪悪を幇助したことを悔いた。余は爾来一切明治政府の行動について弁護の任に当たるまいと決心した。」收錄於《內村鑑三全集》第九巻〈余の従事しつゝある社会改良事業〉（岩波書店，東京）一九〇一年，頁四七九。

85. 〈時勢の観察その2・実益主義の国民〉《國民之友》一八九六年（明治二十九年）八月十五日，參照《內村鑑三著作集》第二卷，網址：http://www.geocities.jp/suketokyo/uchimura2-6.html，二〇二〇年六月引用。

86. 內村鑑三，〈實益主義の國民〉，收錄於民友社，《警世雜著・時勢の觀察》（民友社，東京）一八九六年，頁十二；參照日本國立國會圖書館デジタルコレクション，網址：http://dl.ndl.go.jp/info:ndljp/pid/824423/90?tocOpened=1，二〇二〇年六月引用。

87. 參照日本國立國會圖書館デジタルコレクション，網址：http://dl.ndl.go.jp/info:ndljp/pid/2387866，二〇二〇年六月引用。

88. 關根正雄，《內村鑑三》，頁九十二。

89. 關根正雄，《內村鑑三》，頁九十一至九十二。

90. 內村鑑三，《興国史談》（警醒社書店，東京）一九〇〇年，頁二十。

91. 〈歷史教授ノ新案〉《時事新報》一八八四年七月十二日，摘自平山洋「福沢健全期『時事新報』社説・漫言一覧及び起草者推定」，網址：http://blechmusik.xii.jp/d/hirayama/the_

newspaper_archives_and_conclusion_on_the_writer/，二〇二〇年六月引用。

92. 西川俊作，《福澤諭吉の横顔》，頁十八。

93. 拙著，《福澤諭吉與『學問之勸』》，頁十二至十三。

94. 內村鑑三，《興国史談》，頁四。

95. 內村鑑三，《興国史談》，頁六。

96. 內村鑑三，《興国史談》〈自序〉，頁一。

97. 《聖經》〈詩篇〉第九十篇第一至三節。

98. 《聖經》〈詩篇〉第九十篇第十二節。

99. 內村鑑三，《興国史談》，頁八。原文：「国民全体は其何たるを知らないばかりではない、天職其物の何たるかを知て居るものが少ない、不知不識の中なりとも大天職を感じない国民にして、大国民と成った例はない、日本の今日は随分危険の場合である。」

100. 內村鑑三，《興国史談》，頁九。

101. 若松英輔，《內村鑑三：悲しみの使徒》（岩波書店，東京）二〇一八年，頁一三三至一三四。

102. 內村鑑三，《興国史談》，頁十九。

103. 關根正雄，《內村鑑三》，頁九十六。

104. 關根正雄，《內村鑑三》，頁九十三。

105. 《內村鑑三著作集》第二巻〈日本の天職〉（原刊載於《六合雜誌》明治二十五年四月十五日），参照網址：http://www.geocities.jp/suketokyo/uchimura2-1.html，二〇二〇年六月引用。

106.《內村鑑三著作集》第二卷〈日本の天職〉。

107.關根正雄，《內村鑑三》，頁九十七。內村鑑三，〈非戰論〉，收錄於《聖書之研究》明治三十七年九月號，參照「日本電子文藝館」網站，網址：http://bungeikan.jp/domestic/detail/120/，二〇二〇年六月引用。

108.內村鑑三，〈戰爭廢止論〉，收錄於《內村鑑三全集》第十一卷（岩波書店，東京）一九八一年，頁二九六。

109.《內村鑑三著作集》第二卷〈日本の天職〉。

110.拙作，《福澤諭吉與『學問之勸』》，頁二十六。

111.在基督教的世界裡，以造物者為中心，支配宇宙、萬物所建構的一套法則。參照Goo辭書網站，網址：https://dictionary.goo.ne.jp/jn/124847/meaning/m0u/，二〇二〇年六月引用。

112.田畑忍，〈內村鑑三の戰爭と平和にかんする政治思想〉，頁三。

113.田畑忍，〈內村鑑三の戰爭と平和にかんする政治思想〉，頁四。

114.內村鑑三，〈時勢の觀察〉，收錄於《內村鑑三全集》第三卷，一八九二年，頁二三三。

115.葛井義憲，《內村鑑三：和平といのち》，收錄於《名古屋學院大學論集・人文・自然科學篇》第四十八卷第二號，二〇一二年。

116.內村鑑三，〈日露戰争より余が受けし利益〉，收錄於前揭《內村鑑三全集》第十三卷，一九八一年，頁四〇四。

117.田畑忍，〈內村鑑三の戰爭と平和にかんする政治思想〉，頁四至五。

118.拙著，〈加奈陀晚香坡日裔移民之考察〉，《臺灣國際研究季刊》第四卷第三期，臺北，二〇〇八年秋季號，頁一四九。

119．收錄於《內村鑑三全集》第二十八卷（岩波書店，東京）一九八三年。
120．若松英輔，《內村鑑三：悲しみの使徒》，頁一四八至一四九。
121．田畑忍，〈內村鑑三の戰争と平和にかんする政治思想〉，頁五。西元前七二三年，先知以賽亞撰寫〈以賽亞書〉，記載猶大國與耶路撒冷的歷史情事，以及猶大國冒犯耶和華神的教誨，預言神的裁判與救贖等相關內容。
122．內村鑑三，〈ノアの大洪水〉，收錄於《內村鑑三全集》第二十二卷（岩波文庫，東京）一九一五年，頁一三五至一四一。原文：「欧州大戰乱の原因は（略）いわゆるキリスト教国国民の背信・偽善・堕落にあるのである。すなわちノアの大洪水が臨みしと同一の原因によるのである。」
123．內村鑑三，〈教会と戰争〉，收錄於《內村鑑三選集》第二卷（岩波書店，東京），一九九〇年，頁三〇〇。
124．內村鑑三，〈戰争廃止に關する聖書の明示〉，收錄於《內村鑑三選集》第二卷，頁二九二至二九九。
125．田畑忍，〈內村鑑三の戰争と平和にかんする政治思想〉，頁七。
126．若松英輔，《內村鑑三：悲しみの使徒》，頁一四六至一四七。蘆花的演講內容收錄於日本岩波文庫《謀叛論》中。
127．拙著，《福澤諭吉與『學問之勸』》，頁七十八至七十九。
128．若松英輔，《內村鑑三：悲しみの使徒》，頁一四九至一五一。
129．若松英輔，《內村鑑三：悲しみの使徒》，頁一五一。
130．若松英輔，《內村鑑三：悲しみの使徒》，頁一五〇。

1. 《萬朝報》一九〇三年十月十二日。
2. 内村鑑三，〈日本の天職〉，收錄於《内村鑑三選集》第四卷（岩波書店，東京）一九九〇年，頁二八〇至二八八。
3. 〈路加福音〉第十九章第二十七節。
4. 田畑忍，〈内村鑑三の戰争と平和にかんする政治思想〉，頁八。
5. 内村鑑三，《興国史談》，頁十。
6. 赤江達也，《矢内原忠雄：戰争と知識人の使命》，頁vii。
7. 赤江達也，《矢内原忠雄：戰争と知識人の使命》，頁三十九。
8. 赤江達也，《矢内原忠雄：戰争と知識人の使命》，頁四十一。
9. 矢内原忠雄，《私の歩んできた道》（日本圖書センター，東京）一九九七年，頁七。
10. 赤江達也，《矢内原忠雄：戰争と知識人の使命》，頁九至十。
11. 赤江達也，《矢内原忠雄：戰争と知識人の使命》，頁三十一。
12. 赤江達也，《矢内原忠雄：戰争と知識人の使命》，頁四十。
13. 矢内原忠雄，《私の歩んできた道》，頁三十五。
14. 矢内原忠雄，《私の歩んできた道》，頁三十四至三十五。
15. 在海軍青年將校指導下，陸軍士官候補生與愛鄉塾生等一同響應，於一九三二年五月十五日侵入首相官邸，襲殺首相犬養毅，也為近代日本的政黨內閣制劃下休止符（五・一五事件）；四年後，一九三六年二月二十六日陸軍皇道派青年將校等以國家改造與打倒統制派為目標，率領一千五百名左右的部隊侵襲首相官邸，並同時殺害內大臣齋藤實、大藏大臣高橋是清，與教育總監渡邊錠太郎等，佔領政府官廳所在的永田町，翌日政府公告戒嚴，同二十九日無血鎮壓，其後軍部則以肅軍之名，伺機強化政治支配力（二•二六事件）。這是導致近代日本走向軍國主義之路的兩個關鍵政變。

16. 矢內原忠雄，《私の歩んできた道》，頁五十一。

17. 矢內原忠雄，《私の歩んできた道》，頁五十二。

18. 矢內原忠雄原文：「（略）とにかく権力を持っている者が弱者をしいたげるということが行われているのは、科學的な研究からみても知識と正義に適うものではなく、決してよい社会を、ほんとうの意味の人類の発達をもたらさないものだということを知り、それがちょうどキリスト教の信仰と合致した。そういうことが私の平和についての考えの根本にあった」。矢內原忠雄，《私の歩んできた道》，頁五十二。

19. 矢內原忠雄，《私の歩んできた道》，頁五十四。

20. 矢內原忠雄，《私の歩んできた道》，頁五十六。

21. 「今。こういう非常時になって、日本の国は戰争の方向に向って進んでいるが、世の中がどんなになっても、われわれは平和の真理を守っていかなければならぬ」。

22. 矢內原忠雄，《私の歩んできた道》，頁五十六。

23. 矢內原忠雄，《私の歩んできた道》，頁五十六。

24. 矢內原忠雄，《私の歩んできた道》，頁五十五。

25. 矢內原忠雄，《私の歩んできた道》，頁五十七。

26. 矢內原忠雄，《私の歩んできた道》，頁五十八。

27. 矢内原忠雄，《私の歩んできた道》，頁六十。

28. 矢内原忠雄，《私の歩んできた道》，六十五至六十六。

29. 矢内原忠雄，《私の歩んできた道》，頁六十一。

30. 矢内原忠雄，《私の歩んできた道》，頁六十二。

31. 矢内原忠雄，《私の歩んできた道》，頁六十四。

32. 赤江達也，《矢内原忠雄：戰争と知識人の使命》，頁i。

33. 赤江達也，《矢内原忠雄：戰争と知識人の使命》，頁vi。

34. 矢内原忠雄，《私の歩んできた道》，頁六十七。

35. 赤江達也，《矢内原忠雄：戰争と知識人の使命》，頁一四七至一四八。

36. 赤江達也，《矢内原忠雄：戰争と知識人の使命》，頁一四九。

37. 赤江達也，《矢内原忠雄：戰争と知識人の使命》，頁一五〇。

38. 赤江達也，《矢内原忠雄：戰争と知識人の使命》，頁一五四。

39. 赤江達也，《矢内原忠雄：戰争と知識人の使命》，頁一五五。

40. 赤江達也，《矢内原忠雄：戰争と知識人の使命》，頁一五六。

41. 矢内原忠雄，《私の歩んできた道》，頁一〇六至一一〇。

42. 矢内原忠雄，《私の歩んできた道》，頁一一〇。

43. 参照コトバンク網站「滝川事件」，網址：https://kotobank.jp/word/%E6%BB%9D%E5%B7%9D%E4%BA%8B%E4%BB%B6-92858#E3.83.87.E3.82.B8.E3.82.BF.E3.83.AB.E5.A4.A7.E8.BE.9E.E6.B3.89，二〇二〇年六月引用。

內村鑑三「無教會」精神的臺灣印記

1. 細川瀏，《小鱗回顧録》（加土印刷，臺南）一九二七年，頁七十至一七五。
2. 細川瀏，《小鱗回顧録》，頁一〇三。
3. 細川瀏，《小鱗回顧録》，頁一五五至一五六。原文：「（略）彼は全く文盲なる一小民にて実に一丁字を知らざる者なりき、但し彼の所持せしバイブルは南部の支那語をロマ字にて綴りしものにて廿六字のABCをさへ學びし者には自由に読まれ得るものなり。之は対岸の各地、即ち厦門、汕頭、福州等。に於て基督者並に求道者の為に古参の宣教師たちの努力に依りて印刷発行せられしものなり、而して我が台灣の用語と異なる所なきを以て島内にても南北人ともに之を使用して今日に至りしものなり。」
4. 謝萬安，〈我等信仰的経過〉，收錄於謝淑民編，《懷念》一九九六年，頁一八九至一九〇。網址：http://www.laijohn.com/archives/pc/Sia/Sia,Ban/belief/J.htm，二〇二〇年六月引用。
5. 王昭文，〈努力與耶蘇為友的人：我知道的謝淑民長老〉，《新使者雜誌》第五十一期。網址：http://newmsgr.pct.org.tw/Magazine.aspx?strTID=1&strISID=51&strMAGID=M2006052500834，二〇二〇年六月引用。
6. 陳志忠，《日治時期臺灣教會經驗初探：以日本基督教會及無教會主義為例》（東南亞神學研究院，神學碩士學位論文，臺北）二〇一一年，頁五十。
7. 井上伊之助，《台湾山地伝道記》（新教出版社，東京），一九六〇年，頁十一。
8. 井上伊之助，《台湾山地伝道記》，頁三三四。
9. 朱瑞墉，〈無教会主義的許鴻謨牧師〉，網址：http://www.laijohn.com/archives/pc/khou/

Khou,Hbou/brief/Chu,Siong.htm，二〇二〇年六月引用。

10. 〈榮耀獨歸於真神：故徐謙信牧師生平略歷〉，收錄於《徐謙信牧師告別感恩禮拜》手冊，二〇一〇年，頁四至五，網址：http://www.laijohn.com/archives/pc/chhi/Chhi,Ksin/biog/uoh.htm，二〇二〇年六月引用。

11. 治喪委員會撰，〈鄭連坤牧師生平略歷〉，收錄於《臺灣教會公報》一九一七期，一九八八年十一月二十七日，頁十二 。網址：http://www.laijohn.com/archives/pc/Tin/Tin,Lkhun/biog/kp.htm，二〇二〇年六月引用。

12. 景美部落耆老葉保進牧師曾擔任玉山神學院副院長，他對卓溪鄉立山村以及秀林鄉加灣部落等變遷史非常理解。近年來，葉牧師一方面擔任太魯閣辭典的編纂委員，並熱心投身於公共事務上。

13. 井上伊之助，《台湾山地伝道記》，頁三二三至三三九。

14. 井上伊之助，《台湾山地伝道記》，頁三三八；其他則有莉穆伊・莫桑著，〈吼獵・帖木牧師：泰雅爾族福音拓荒人物〉，收錄於《新使者雜誌》八十七期，二〇〇五年，頁二十一至二十四，網址：http://www.laijohn.com/archives/pg/Tayal/Hola%20Demu/brief/SSZ.htm，二〇二〇年六月引。

15. 井上伊之助，《台湾山地伝道記》，頁三三九至三四〇。

16. 井上伊之助，《台湾山地伝道記》，頁二三一。

17. 井上伊之助，《台湾山地伝道記》，頁三二四至三二五。

18. 井上伊之助，《台湾山地伝道記》，頁三二六。

19. 矢内原忠雄，《私の歩んできた道》，頁四十至四十一。

20 陳翠蓮，〈大正民主與臺灣留日學生〉，收錄於《師大臺灣史學報》第六期，臺北，二〇一三年，頁七十四。

21 陳翠蓮，〈大正民主與臺灣留日學生〉，頁七十四至七十五。

22 陳翠蓮，〈大正民主與臺灣留日學生〉，頁七十五。

23 因明治時期制定的《大日本帝國憲法》主權在天皇，因此democracy一詞被翻譯為「民本」，而以多數民眾的期待為依歸的主義，即民本主義。

24 陳翠蓮，〈大正民主與臺灣留日學生〉，頁七十五。

25 陳翠蓮，〈大正民主與臺灣留日學生〉，頁七十六。

26 坂井洋，《植村正久與臺灣：以思想及行動為中心》（淡江大學日本研究所碩士論文，新北），二〇〇六年，頁九十九。

27 坂井洋，《植村正久與臺灣：以思想及行動為中心》，頁三十一。

28 張漢裕主編，《蔡培火全集》第一卷（吳三連史料基金會，臺北）二〇〇〇年，頁四一四。

29 坂井洋，《植村正久與臺灣：以思想及行動為中心》，頁五十四。

30 坂井洋，《植村正久與臺灣：以思想及行動為中心》，頁六十五。

31 坂井洋，《植村正久與臺灣：以思想及行動為中心》，頁五十四。

32 坂井洋，《植村正久與臺灣：以思想及行動為中心》，頁六十一。

33 坂井洋，《植村正久與臺灣：以思想及行動為中心》，頁九十九。

34 坂井洋，《植村正久與臺灣：以思想及行動為中心》，頁一〇〇。

35 坂井洋，《植村正久與臺灣：以思想及行動為中心》，頁一〇〇。

36 坂井洋，《植村正久與臺灣：以思想及行動為中心》，頁五十一至五十二。

37. 坂井洋，《植村正久與臺灣：以思想及行動為中心》，頁五十五。
38. 陳志忠，《日治時期臺灣教會經驗初探：以日本基督教會及無教會主義為例》，頁三十六。
39. 參照《基督教今日報》「公理堂走過半世紀，『尋找昔日的妳』」，網址：http://www.cdn.org.tw/News.aspx?key=4924，二〇二〇年六月引用。
40. 陳志忠，《日治時期臺灣教會經驗初探：以日本基督教會及無教會主義為例》，頁二十八至二十九。
41. 坂井洋，《植村正久與臺灣：以思想及行動為中心》，頁九十至九十三。
42. 同化會成立於臺北，乃一九一四年十二月坂垣退助赴台，為求臺灣成為日本帝國永久版圖，而以臺灣統治應走同化主義路線，促使島上民眾產生日本臣民之自覺，其內涵有二，民族同化與一視同仁。
43. 林獻堂乃日本統治時代推動臺灣民族運動的實業家。戰後不久，曾擔任臺灣省通志館館長一段時間，其後便以身體微恙為由辭任館長職務，移居日本。
44. 張漢裕主編，《蔡培火全集》第一卷，頁六十九至七十。
45. 張漢裕主編，《蔡培火全集》第一卷，頁七十一。
46. 坂井洋，《植村正久與臺灣：以思想及行動為中心》，頁八十二；張漢裕主編，《蔡培火全集》第一卷，頁四四四。
47. 張漢玉主編，《蔡培火全集》第七卷，頁二〇四。
48. 坂井洋，《植村正久與臺灣：以思想及行動為中心》，頁九十五。
49. 張漢裕主編，《蔡培火全集》第七卷，頁二〇六。

50. 陳翠蓮，〈大正民主與臺灣留日學生〉，頁七十四。

51. 拙著，〈殖民者的迷思：以1925年《台湾訪問の記》為例〉，收錄於《臺灣史料研究》四十三號，臺北，二〇一四年，頁七十八。

52. 拙著，〈殖民者的迷思：以1925年《台湾訪問の記》為例〉，頁七十九。

53. 赤江達也，《矢内原忠雄：戦争と知識人の使命》，頁七十三。

54. 戰後的葉榮鐘在臺中圖書館任職。晚年則專心於臺灣近代民族運動史的撰述，在一九七一年完成名著《日據下臺灣政治社會運動史》一書。

55. 赤江達也，《矢内原忠雄：戦争と知識人の使命》，頁七十四。

56. 赤江達也，〈帝国日本の植民地における無教会キリスト教の展開〉，收錄於《社会システム研究》第二十九號，二〇〇四年，頁一六一。

57. 赤江達也，《矢内原忠雄：戦争と知識人の使命》，頁七十三。

58. 井上伊之助，《台湾山地伝道記》，頁二一七至二一八。

59. 赤江達也，《矢内原忠雄：戦争と知識人の使命》，頁八十八。

60. 戰後，陳茂堂歸化日本，在日本行醫。

61. 戰後，郭維租醫師利用工作閒暇、致力翻譯矢內原忠雄著作、但多以宗教相關內容為主。

62. 張漢裕乃蔡培火女婿，戰後在臺灣大學經濟學系擔任教授。

63. 赤江達也，〈帝国日本の植民地における無教会キリスト教の展開〉，頁一六二。

64. 戰後，陳茂源成為臺灣大學法律系教授，工作之餘，協助翻譯矢內原忠雄的大作《帝国主義下の台湾》。

65. 參照「臺灣基督教wikiwand」網站，網址：http://www.wikiwand.com/zh-hk/%E5%8F%B0%

E7%81%A3%E5%9F%BA%E7%9D%A3%E6%95%99，二〇二〇年六月引用。

66. 赤江達也，〈帝国日本の植民地における無教会キリスト教の展開〉，頁一六一。

67. 今臺南市長榮女子高級中學，是南臺灣第一所西式女子學校，亦是啟蒙女性受教權的象徵，由宣教士李庥（Hugh Ritchie）牧師及其牧師娘伊萊莎（Eliza C. Cooke）夫婦、文安（Annie e. Butler）與朱約安（Joan Stuart）等女宣教士等所協力經營。

68. 赤江達也，《「紙上の教会」と日本近代》，頁一一〇。

69. 林添水，〈日本的良心：矢内原忠雄先生〉。

70. 林添水，〈日本的良心：矢内原忠雄先生〉。

71. 〈高橋三郎先生の略歴〉，參照「賴永祥長老史料庫」網站，網址：http://www.laijohn.com/archives/pj/Takahashi,S/died/J1.htm，二〇二〇年六月引用。

72. 劉峰松，〈夜訪林添水夫人〉，收錄於《臺灣教會公報》一九八五年四月八日，參照「賴永祥長老史料庫」網站，網址：http://www.laijohn.com/archives/pc/Lim/Lim,Tchui/wife/interview/Lau,Hsiong.htm，二〇二〇年六月引用。

73. 何義麟，〈矢内原忠雄的學識與信仰之再評價：以戰後臺灣知識分子的論述為中心〉，收錄於《臺灣史學雜誌》第十六期，臺北，二〇一四年，頁十九。

74. 何義麟，〈矢内原忠雄的學識與信仰之再評價：以戰後臺灣知識分子的論述為中心〉，頁二十。

75. 何義麟，〈矢内原忠雄的學識與信仰之再評價：以戰後臺灣知識分子的論述為中心〉，頁十九至二十一。

76. 何義麟，〈矢内原忠雄的學識與信仰之再評價：以戰後臺灣知識分子的論述為中心〉，頁四。

77. 何義麟，〈矢内原忠雄的學識與信仰之再評價：以戰後臺灣知識分子的論述為中心〉，頁二十一。

75. 何義麟，〈矢内原忠雄的學識與信仰之再評價：以戰後臺灣知識分子的論述為中心〉，頁十九。

79. 赤江達也，《矢内原忠雄：戰争と知識人の使命》，頁i。

80. 赤江達也，《矢内原忠雄：戰争と知識人の使命》，頁iii。

81. 赤江達也，《矢内原忠雄：戰争と知識人の使命》，頁二二九至二三〇。

82. 柏會乃東京第一高等學校（現今的東京大學）的無教會學生組織，以内村鑑三為核心所結集的社團，在一九〇八年乃至一九一六年其間更衍生出社團「聖書研究會」。

83. 若松英輔，《内村鑑三》，頁一一一；「内村鑑三先生と私は先輩や友人の多くと異なり、内村先生の内弟子であったことがない。（略）私の処女作である『基督者の信仰』を聖書之研究社から出版してドさったのは異例の御好意であるが、それさえ内弟子的な關係とは異なる」，矢内原忠雄，《内村鑑三とともに》（東京大學出版会，密西根大學〔University of Michigan〕所藏）一九六二年，頁五三九。

84. 吳得榮，〈内村的愛女之死〉，收錄於《臺灣教會公報》，參照「賴永祥長老史料庫」網站，網址：http://www.laijohn.com/archives/pj/Uchimura,K/belief/Gou,Teng/1.htm，二〇二〇年六月引用。

85. 赤江達也，《矢内原忠雄：戰争と知識人の使命》，頁十九至二十。

86. 赤江達也，《矢内原忠雄：戰争と知識人の使命》，頁十九至二十。

87. 赤江達也，《矢内原忠雄：戦争と知識人の使命》，頁二三四。
88. 赤江達也，《矢内原忠雄：戦争と知識人の使命》，頁二三二。
89. 赤江達也，《矢内原忠雄：戦争と知識人の使命》，頁二三四。
90. 赤江達也，《矢内原忠雄：戦争と知識人の使命》，頁二三四。
91. 若松英輔，《内村鑑三》，頁一一二至一一四。
92. 林添水，〈日本的良心：矢内原忠雄先生〉，收錄於吳得榮編，《矢内原忠雄的信仰歷程》（臺南人文出版社，臺南）一九七八年；另外收錄於《壹葉通訊》第五十二期，一九八五年。參照「賴永祥長老史料庫」網站，網址：http://www.laijohn.com/archives/pj/Yanaihara,T/person/Lim,Tsui.htm，二〇二〇年六月引用。
93. 矢内原忠雄，《私の歩んできた道》，頁五十六。
94. 矢内原忠雄，《私の歩んできた道》，頁五十七。
95. 張漢裕主編，《蔡培火全集》第一卷，頁四一四。

近代日本的道德教育

1. 原文：「国の恥辱とありては日本国中の人民一人も残らず命を棄てて国の威光を落とさざるこそ、一国の自由独立と申すべきなり。」
2. 拙著，《福澤諭吉與『學問之勸』》，頁十四。
3. 拙著，《福澤諭吉與『學問之勸』》，頁六十一。
4. 米原謙，《德富蘇峰：日本ナショナリズムの軌跡》，頁一一九。

5. 米原謙，《德富蘇峰：日本ナショナリズムの軌跡》，頁一一五至一一六。該二文皆收錄於竹越与三郎，《支那論》（民友社，東京）一八九四年。參照日本國立國會圖書館電子資料庫，網址：http://dl.ndl.go.jp/info:ndljp/pid/783162，二〇二〇年六月引用。

6. 「四民平等」乃明治初期，維新政府為了打破江戶時期士農工商的身分制，所提出的口號及其相關政策，跨越身分而給予婚姻、職業與居住自由。參考小學館デジタル大詞泉的解說，網址：https://kotobank.jp/word/%E5%9B%9B%E6%B0%91%E5%B9%B3%E7%AD%89-523901，二〇二〇年六月引用。

7. 福澤諭吉，《福翁自傳》（時事新報社，東京）一八九九年，頁十。

8. 張崑將，〈明治時期基督教徒的武士道論之類型與內涵〉，收錄於《臺大文史哲學報》第七十五期，臺北，二〇一一年，頁二〇九至二一〇。

9. 米原謙，《德富蘇峰：日本ナショナリズムの軌跡》，頁二十六。

10. 福澤諭吉的婿養子桃介早年在各方資助下，學而有成之後，乃伺機投資股市致富，再收買電力、水力等能源公司而成為一介實業家，從實業家進軍政界，而成為眾議院議員。

11. 拙作，《福澤諭吉與『學問之勸』》，頁五十三。

12. Enrique Gómez Carrillo著，兒嶋桂子譯，《誇り高く優雅な国、日本：垣間見た明治日本の精神》（人文書院，京都）二〇〇一年，頁九十五。

13. Enrique Gómez Carrillo著，兒嶋桂子譯，《誇り高く優雅な国、日本：垣間見た明治日本の精神》，頁一〇一。

14. Enrique Gómez Carrillo著，兒嶋桂子譯，《誇り高く優雅な国、日本：垣間見た明治日本の精神》，頁一〇二。

15. 拙著，《臺灣涉外關係史概說》（五南圖書出版股份有限公司，臺北）二〇一五年，頁一〇七。
16. 張崑將，〈明治時期基督教徒的武士道論之類型與內涵〉，頁一九一至一九二。
17. 張崑將，〈明治時期基督教徒的武士道論之類型與內涵〉，頁二〇八。
18. 張崑將，〈明治時期基督教徒的武士道論之類型與內涵〉，頁二〇二。
19. 「大日本膨脹論」乃明治媒體人德富蘇峰（1863-1957）的重要主張之一。
20. 張崑將，〈明治時期基督教徒的武士道論之類型與內涵〉，頁一九九至二〇〇。
21. 張崑將，〈明治時期基督教徒的武士道論之類型與內涵〉，頁二〇五至二〇六。
22. 張崑將，〈明治時期基督教徒的武士道論之類型與內涵〉，頁二〇四。
23. 新渡戶稻造著，矢內原忠雄譯，《武士道》，頁二十二至二十三。
24. 新渡戶稻造著，矢內原忠雄譯，《武士道》，頁二十五。
25. 新渡戶稻造著，矢內原忠雄譯，《武士道》，頁二十七至二十八。
26. 新渡戶稻造著，矢內原忠雄譯，《武士道》，頁二十九。
27. 新渡戶稻造著，矢內原忠雄譯，《武士道》，頁二十七至二十八。
28. 山本博文，《武士道：新渡戶稻造》，頁二十至二十一。
29. 新渡戶稻造著，矢內原忠雄譯，《武士道》，頁一三七。
30. 日本江戶元祿期間的一七〇一至一七〇三年，赤穗藩家臣四十七名為主君報仇的私討事件。
31. 福澤諭吉，《學問之勸》〈六編〉，頁五十七至五十八。原文：「昔徳川の時代に、浅野家の家来、主人の敵討と吉良上野介を殺したることあり。（略）四十七人の家来理を訴えて命を失い尽くすに至らば、如何なる悪政府にても遂には必ずその理に伏し、上野介へも刑を加えて裁判を正しうすることあるべし。かくありてこそ始めて真の義士とも称すべき筈なるに、（略）。」

32. 新渡戸稲造著，矢内原忠雄譯，《武士道》，頁九十一至九十四。

33. 拙著，《日本史》（華立圖書，新北）二〇〇八，頁一六八。

34. 新渡戸稲造著，矢内原忠雄譯，《武士道》，頁八十六至八十八。

35. 拙著，《日本史》，頁一六八。

36. 西川俊作，《福澤諭吉の横顔》（慶應義塾大學出版會，東京）一九九八，頁二六二。原文：「或時、兄が私に問を掛けて、お前は是から先き何になる積りかと云ふから、私が答へて、左様さ先づ日本一の大金持になって思ふさま、金を使ふて見やうと思ひますと云ふと、兄が苦い顔して叱ったから（略）。」引自福澤諭吉，《福翁自傳》，頁二十一。

37. 龜井俊介譯，《内村鑑三英文論説翻訳編・上》（岩波書店，東京），一八九四年，頁一二七至一二八。原文〈敗金宗の結果〉《萬朝報》一八九七年五月九日，参照磔川全次部落格，網址：http://blog.goo.ne.jp/514303/e/7ab50c3dbd4676e018641f333a356616，二〇二〇年六月引用；〈銭の外に名誉あり〉《時事新報》一八九七年五月十二日，網址：http://blog.goo.ne.jp/514303/e/fbe9454e4f8ab23d6210cd68c4fbb8ba，二〇二〇年六月引用。

38. 原文：「今の不完全なる文明世界に於ては、対外商戦の必要にして、立国の根本と云ふも可なり。貨殖家の欲情いよいよ盛んにして、富国の道いよいよ進み、（略）富豪の経営非難す可らざるのみか、国の為めに、暫く敬意を表す可きものなり。」福澤諭吉，〈富豪の経営は自ら立国の必要なり〉，收錄在《福翁百話》，頁二二七。

39. 原文：「苟も衣食既に不足なき以上は、安心快楽の法必ずしも銭に在らず、士君子の自から其身の長所を省みて、自から工風す可き所のものなり。」福澤諭吉，〈富者必ずしも快楽多からず〉，收錄在《福翁百話》，頁二六〇。

40. 原文：「一切の私産は即ち是れ国財にして国力の本源にこそあれば（略）。」福澤諭吉，〈国民の秘産は即ち国財なり〉，收錄在《福翁百話》，頁二六三。

41. Francis Wayland, *The Elements of Political Economy*, New York, Leavitt Lord & Company, 1837.

42. 福澤諭吉，〈一身一家経済の由来〉，收錄於《福翁自伝》（時事新報社，東京）一九〇一年，頁四六八。

43. 原文：「およそ世の中に何が怖いと言っても、暗殺は別にして、借金ぐらい怖いものはない。他人に対して金銭の不義理は相済まぬことと決定すれば、借金はますます怖くなります。私共の兄弟姉妹は幼少の時から貧乏の味をなめ尽くして、母の苦労した様子を見ても生涯忘れられません。」收錄於《福翁自伝》，頁四一八。

44. 拙著，《福澤諭吉與『學問之勸』》，頁二六四至二六五。

45. 拙著，《福澤諭吉與『學問之勸』》，頁二六五至二六六。

結語

1. 拙作，《福澤諭吉與『學問之勸』》，頁一六〇。

2. 拙作，《福澤諭吉與『學問之勸』》，頁一六二。

3. 拙作，《福澤諭吉與『學問之勸』》，頁一六二至一六四。

4. 米原謙，《徳富蘇峰：日本ナショナリズムの軌跡》，頁一二三至一二四。
5. 米原謙，《徳富蘇峰：日本ナショナリズムの軌跡》，頁一五六至一五七。
6. 米原謙，《徳富蘇峰：日本ナショナリズムの軌跡》，頁五九至六〇。
7. 新渡戸稲造著，矢内原忠雄譯，《武士道》，頁一三四至一三五。
8. 新渡戸稲造著，矢内原忠雄譯，《武士道》，頁一三六。
9. 新渡戸稲造著，矢内原忠雄譯，《武士道》，頁一三八。
10. 新渡戸稲造著，矢内原忠雄譯，《武士道》，頁一三九。
11. 新渡戸稲造著，矢内原忠雄譯，《武士道》，頁一四〇。
12. 新渡戸稲造著，矢内原忠雄譯，《武士道》，頁一四四。
13. 入江昭，《日本の外交：明治維新から現代まで》（中央公論社，東京）一九九八年，頁三〇。
14. 田中彰，《小国主義：日本の近代を読みなおす》（岩波書店，東京）一九九九年，頁九十九至一〇〇。
15. 田中彰，《小国主義：日本の近代を読みなおす》，頁一〇一至一〇二。
16. 米原謙，《徳富蘇峰：日本ナショナリズムの軌跡》，頁一一六。
17. 新渡戸稲造著，矢内原忠雄譯，《武士道》，頁一四九。
18. 徳富蘇峰，《將來の日本》（經濟雜誌社）一八八六年。網址：https://www.aozora.gr.jp/cards/001369/files/49622_54223.html，二〇二〇年六月引用。
19. 米原謙，《徳富蘇峰：日本ナショナリズムの軌跡》，頁五十七。
20. 新渡戸稲造著，矢内原忠雄譯，《武士道》，頁一四七。

21. 新渡戸稲造著，矢内原忠雄譯，《武士道》，頁一四五。
22. 新渡戸稲造著，矢内原忠雄譯，《武士道》，頁一四九。
23. 新渡戸稲造著，矢内原忠雄譯，《武士道》，頁一四八。
24. 米原謙，《徳富蘇峰：日本ナショナリズムの軌跡》，頁五十七。
25. 新保祐司，《內村鑑三》，頁二八七至二八八。
26. 新保祐司，《內村鑑三》，頁二八九。
27. 新保祐司，《內村鑑三》，頁二九九至三〇〇。
28. 新保祐司，《內村鑑三》，頁二九〇。
29. 新保祐司，《內村鑑三》，頁二九一至二九二。原文：「イエスキリストの心を最も能く解する者は誰である乎、今日に迄其人は未だ現れないのではない乎、聖書が東洋人の手に渡り彼等がその謙遜なる信仰と深遠なる研究とを以て之を解したる時にイエスは初めて遺憾なく人に解せらるるのではない乎。」
30. 新保祐司，《內村鑑三》，頁二九五。
31. 新保祐司，《內村鑑三》，頁二九七。
32. 新保祐司，《內村鑑三》，頁二九九。
33. 新保祐司，《內村鑑三》，頁三〇二至三〇三。
34. 徳富豬一郎（蘇峰），《第五日曜講談》，收錄於《國民叢書》一九〇四年，頁一至九。
35. 米原謙，《徳富蘇峰：日本ナショナリズムの軌跡》，頁一五八至一五九。
36. 大隈重信，〈吾人の文明運動〉，收錄於岩波文庫，《大隈重信演説談話集》（岩波書店，東京）一九一五年，網址：https://www.aozora.gr.jp/cards/001879/files/58116_64958.html，二〇二〇年六月引用。

37. 新保祐司，《內村鑑三》，頁二九五。原文：「私はこれからの日本に大して希望をつなぐことができない。このまま行ったら「日本」はなくなってしまふのではないかといふ感を日ましに深くする。日本はなくなって、その代はりに、無機的な、からっぽな、ニュートラルな、中間色の、富裕な、抜け目がない、或る経済的大国が極東の一角に残るのであらう。」

38. 新保祐司，《內村鑑三》，頁二九六。

39. 所謂教養主義是指以文化教養的累積，作為思考、行為的準則。

40. 赤江達也，《「紙上の教会」と日本近代：無教会キリスト教の歴史社会学》（岩波書店，東京）二〇一三年，頁ix-x。

41. 赤江達也，《「紙上の教会」と日本近代：無教会キリスト教の歴史社会学》，頁一六七至一六九。

42. 赤江達也，《「紙上の教会」と日本近代：無教会キリスト教の歴史社会学》，頁一七一。

43. 靈南坂教會位於東京赤坂，其前身乃東京第一基督教會，乃戰前日本基督組合教會的核心。

44. 赤江達也，《「紙上の教会」と日本近代：無教会キリスト教の歴史社会学》，頁一九九。

45. 赤江達也，《「紙上の教会」と日本近代：無教会キリスト教の歴史社会学》，頁一五八。

46. 赤江達也，《「紙上の教会」と日本近代：無教会キリスト教の歴史社会学》，頁一五八。

47. 赤江達也，《「紙上の教会」と日本近代：無教会キリスト教の歴史社会学》，頁一五六。

48. 赤江達也，《「紙上の教会」と日本近代：無教会キリスト教の歴史社会学》，頁一五七。

49. 自由主義是一種意識型態，指的是以自由或平等權利為基礎的政治信仰或道德哲學。

50. 赤江達也，《「紙上の教会」と日本近代：無教会キリスト教の歴史社会学》，頁九十八至九十九；內村鑑三〈獨立教會の真義〉，收錄於《內村鑑三全集》第十卷，一九〇二年，頁六十四。

51. 拙著，《福澤諭吉與『學問之勸』》，頁十四至十五。

52. 內村鑑三，〈獨立教會の真義〉，頁六十四。

53. 赤江達也，《「紙上の教会」と日本近代：無教会キリスト教の歴史社会学》，頁一〇〇至一〇一。

54. 赤江達也，《「紙上の教会」と日本近代：無教会キリスト教の歴史社会学》，頁一一〇。

55. 何義麟，〈矢內原忠雄的學識與信仰之再評價：以戰後臺灣知識分子的論述為中心〉，頁二一至二二。

56. 赤江達也，〈帝国日本の植民地における無教会キリスト教の展開〉，頁一六二。

57. 鄭睦群《從大中華到臺灣國：臺灣基督長老教會的國家認同及其論述轉換》（國史館、政大出版社，臺北），二〇一七年，頁六。

58. 聯合國二七五八號決議案「……to expel forthwith the representatives of Chiang Kai-Shek from the place which they unlawfully occupy at the United Nations and in all the organaizations related to it」。

59. 臺灣基督長老教會，網址：http://www.pct.org.tw/ab_doc.aspx?DocID=005，二〇二〇年六月引用。

60. 基督教論壇報「為國禁食禱告嚴肅會二二八舉行・啟動四十天禁食禱告」，網址：https://

www.ct.org.tw/1319489，二〇二〇年六月引用。

61. 內村鑑三，《*The Japan Christian Intelligencer*》全十八冊（向山堂書店，東京）一九二六至一九二八年；另，收錄於《內村鑑三英文著作全集》Vol.4（教文館，東京）二〇〇四年。

62. 赤江達也，《「紙上の教会」と日本近代：無教会キリスト教の歴史社会学》，頁一一〇。

63. 內村鑑三，〈*How I became a Christian*〉，收錄於岩波書店《內村鑑三全集》第十五卷（岩波書店，東京）一九三二年。

附錄

1. 〈修身要領〉第二條，原文：「心身の独立を全うし自から其身を尊重して人たるの品位を辱めざるもの、之を独立自尊の人と云う。」

2. 参照「思想と言論」網站，網址，http://www.interq.or.jp/kanto/just/ronten/senso_haisi.html，二〇二〇年六月引用。

3. 米原謙，《徳富蘇峰：日本ナショナリズムの軌跡》，頁一一四。

4. 原文：「（自分は）古学者流の役に立たぬことを説き、立国の大本はただ西洋流の文明主義に在るのみと、多年蝶　して已まなかったものの迚も生涯の中にその実境に遭うことはなかろうと思っていたのに、何ぞ料らん今眼前にこの盛事を見て、今や隣国支那朝鮮も我文明の中に包羅せんとす。畢生の愉快、実以て望外の仕合に存候」（一八九五年一月，給山口広江的書簡，收錄在《福澤諭吉書簡集》第八卷第二節，頁十三。

國家圖書館出版品預行編目 (CIP) 資料

知識人的時代使命：從福澤諭吉到矢內原忠雄,啟迪民智並引導社會走向文明開化之進程 / 林呈蓉著. -- 初版. -- 新北市：臺灣商務, 2020.07
272面；14.8X21公分. -- (歷史.世界史)
ISBN 978-957-05-3275-3(平裝)

1.日本史 2.現代史 3.文集

731.27　　109008108

歷史 ・ 世界史

知識人的時代使命：

從福澤諭吉到矢內原忠雄，啟迪民智並引導社會走向文明開化之進程

作　　者一林呈蓉
發 行 人一王春申
總 編 輯一張曉蕊
責任編輯一徐鉞
封面設計一兒日設計
內頁排版一菩薩蠻電腦科技有限公司

業務組長一何思頓
行銷組長一張家舜
出版發行一臺灣商務印書館股份有限公司
23141 新北市新店區民權路 108-3 號 5 樓（同門市地址）
電話：(02)8667-3712 傳真：(02)8667-3709
讀者服務專線：0800056193
郵撥：0000165-1
E-mail：ecptw@cptw.com.tw
網路書店網址：www.cptw.com.tw
Facebook：facebook.com.tw/ecptw

局版北市業字第 993 號
初版一刷：2020 年 7 月
印刷廠：鴻霖印刷傳媒股份有限公司
定價：新台幣 380 元
法律顧問一何一芃律師事務所